THE PATH TO PERSONAL POWER

邁向成功

反覆驗證，實證有效的成功三定律

拿破崙・希爾
NAPOLEON HILL

呂佩憶——譯

拿破崙・希爾基金會正式授權 全新版

CONTENTS

目次

前言

拿破崙希爾基金會執行董事　唐・M・格林

拿破崙・希爾廿五歲（一九〇八年）擔任《鮑伯泰勒雜誌》（Bob Taylor's Magazine）記者時，在鋼鐵大王安德魯・卡內基（Andrew Carnegie）的家中首次進行重要的訪談。許多關注希爾的一生和他寫作的人都知道，卡內基要當時年輕的希爾在接下來的二十年，持續訪談而且不支薪，未來才能著書探討美國的大人物們成功的原因。

希爾接受了這個挑戰，開始著手進行研究與訪談，並發表第一份重要的專論探討個人成功之道的學問。一九二八年出版《成功法則》(*Law of Success*)、一九三七年出版精簡版《思考致富》(*Think and Grow Rich*)，後者無疑是二十世紀以來最受重視的勵志叢書。

希爾先生於一九六二年成立拿破崙希爾基金會，在他過逝前的八年持續推廣他的哲理。基金會授權他的書已逾五十種語言版本。基金會以非營利的形式，收益全用於獎學金與宣導，以及研究工作。最近更發現三本希爾先生撰寫的完整但未於生前出版過的書，其中，《與魔鬼對話（暫譯）》(*Outwitting the Devil*) 於二〇一一年出版。

本書摘錄拿破崙希爾於一九四一年撰寫有關成功的課題。當時希爾在南卡羅萊納州克林頓市的威廉普洛默傑可布博士的敦促下動筆。傑可布博士曾任長老會學院校長，是傑可布出版公司的老闆，並擔任多間紡織廠的顧問。傑可布聽過希爾先生的演講，深受鼓舞，相信希爾先生一系列的勵志課程和演說能有助於南卡羅萊納及鄰近其他州走出大蕭條揮之不去的影響。傑可布認為，許多美國人受一九三〇年代經濟蕭條的打擊下，過度依賴政府的經濟支援，希爾先生正是鼓舞民眾走出陰霾、邁向成功之道的良機。

拿破崙接受傑可布博士的提議，遷居至克林頓市，開始撰寫成功之道的課程內容。他稱為「心智原力」（Mental Dynamite），源自卡內基首次會見希爾時告訴他：「我們思考的力量是心智原力。」

希爾先生以手冊的形式撰寫了十七門課程，全都是根據他對卡內基先生和其他事業有成的人士進行訪談時所做的觀察。大部分的課程內容包含拿破崙與卡內基先生訪談內容的長篇摘錄，然後明確地舉例美國其他成功者如何運用卡內基先生的原則。

希爾先生的《心智原力》手冊和系列演說頗受好評。然而卻在出版後不久的十二月七日——一切都變了——當天日本轟炸珍珠港，使美國投入二次大戰。戰爭期間，心智原力的課程被擱置至遺忘。基金會將其中三個課程列於本書中，側重於許多人認為是希爾和卡內基原則之中最重要的。

本書挑選的心智原力系列課程，任何人都可以用於實現個人成功。更重要的是，一定要利用這些課程才能實現成功。這些原則包括「明確的目標」、「智囊團原則」以及「多付出一點」。在讀者閱讀（更重要的是應用）基金會館藏的這些課程後，將展開成功之道的旅程。

序

思考！

克羅伊斯[1]是充滿智慧的哲人，也是波斯國王居魯士的心腹顧問，他曾說：

「我記得，吾王

人類的命運

就像一個不停打轉的巨輪

巨輪的滾動

令人無法

永遠掌握財富。」

生命之輪掌控著人類的命運，透過人們的心靈和思想力量來運作。「心智原力」中的成功之道，是為了幫助人們掌控這個巨輪所設計的，能為人們追求渴望或所需的一切，並帶來持續的幸福。

提醒正要開始學習成功之道的讀者：雖然這個巨輪「令人無法永遠掌握財富」，但只要讀者能掌控自己的心靈並善加利用，也不必擔心「永遠得不到財富」。

作者謹誌

1 譯註：克羅伊斯（Croesus）是呂底亞（Lydia）最後一位國王，以富裕和征服過許多其他民族聞名，呂底亞後來被波斯國王居魯士二世（Cyrus II of Persia）所滅，克羅伊斯隨後成為居魯士的心腹及摯友。

CHAPTER 1
明確的目標

DEFINITENESS of PURPOSE

透過本書的課程，您將得到可實踐的知識，如果自己到外面去上課，得要花上一大筆學費。這些知識是源自鋼鐵大王安德魯・卡內基，以及超過五百位美國商業與工業界大亨的思想。本書介紹的成功人士的經驗，包括了亨利・福特、湯瑪士・愛迪生、史都華・奧斯汀・威爾、賽勒斯・柯帝斯、愛德華巴克、亞歷山大・葛拉罕・貝爾博士、艾爾默・R・蓋茲博士、約翰・沃納梅克、詹姆斯・J・希爾、愛德恩・C・巴恩斯、威廉・霍華・塔夫特、查爾斯・M・舒瓦伯、狄奧多・羅斯福總統（Theodore Roosevelt）、艾柏特・H・蓋瑞、查爾斯・P・史坦梅茲，和烏德羅・威爾森。

在閱讀本書時，讀者可以想像自己正坐在一間教室裡，有五百多人同時擔任授課教師，他們推動美國成為人類文明所知「最富裕和最自由」的國家。此外，如果讀者自己去向這些人請益，可能需要花上超過十年的密集研究，才能得到本書的知識。

透過本書，讀者將學習到完整的成功之道。在美國這個偉大的體制下，社會非常尊重個人的成就，任何想要決定自己命運的人都能實現成功。讀者將得到的指導，是金錢無法買到的寶貴知識。

這些課程以最能幫助讀者學習的方式呈現，你不需要花費太多心力，只要抱持誠摯的心，善用成功之道的祕訣，這些都是美國企業領袖的成功祕訣。

不同於一般學術界呈現知識的方式，筆者在撰寫本書時心繫各行各業的每一個人。本書是以「在家自學」為目標，因此在編排上以輕鬆易讀的方式呈現，讓年輕學子和成年人都會有收穫，同時讓不同的教育背景、職業和家庭責任的每一個人，可以用最快的方式取得實用的知識。更重要的是，本書所呈現的每一項成功之道原則，都經過反覆驗證，實證有效。

這些由商界人士多年來不斷摸索得到的經驗，加上超過三十年的精心研究統整，才得以創造出讓讀者輕易閱讀的知識系統，讀者只需花幾個小時，就能汲取。

請讀者細讀並慢慢消化內容。然而，最重要的不是課程的內容，而是在你的「心」。本章的目的不是要告訴讀者人生明確的目標是什麼，而是要提醒讀者：你必須選擇一個主要的目標做為邁向成功的起始點。

讀者可以將最難忘的段落記錄下來，如果時間允許的話，再回來重讀一遍，以便深入分析內容。如果能找幾個志同道合的夥伴組成讀書會，一起閱讀和分析這些課程，將會更有幫助。尤其在讀完第二章的「智囊團」課程後，組讀書會的好處將會變得更明顯。

在閱讀中，讀者將會發現「另一個自己」，將拋開所有限制的枷鎖，並發現只需要一些外部的力量，便能喚醒沉睡中的強大力量。在閱讀本書和思考時所形成的想法，就是覺醒的力量。

首先，成功之道有十七個大原則，而每一個實現重要目標的人，不論各自的目標為何，都必須善用其中的一些原則。「明確的目標」是所有原則中最重要的，每一個成功人士都應用了這個原則。在我們對成功人士的研究中，發現每一個成功人士都有一個明確的首要目標，也有實現目標的計畫、他更會將大部分的心思和努力投入在實現目標上。

人人都希望能過更好的生活，例如金錢、地位、名聲和被認同，但是大部分的人只停留在「希望」的階段。只有清楚知道自己想要什麼、下定決心要得到的人，才會把希望化為「強烈的慾望」，然後以完整的計畫、用持續的努力來支撐這股慾望，絕不會只是抱持著希望。

任何人透過自身的努力獲得的所有財富，一開始都是在心中對未來有一個想像畫面，當這個想像畫面變得越來越清晰，甚至變成必然要追求的執著時，無形中，某種隱藏的自然法則會啟動潛意識，人們就會被吸引，為了將想像畫面實踐成真而邁進。在本章直到最後，我會重複提到「潛意識」，因為所有卓越的成就都和潛意識有關。

似乎很難理解，為什麼有些教育程度較低，甚至完全沒有受過教育的人會成功，反之，一些受過良好教育的人卻常常失敗。如果仔細觀察，你就會發現偉大的成就在於了解和善用積極的態度，大自然會透過正向的態度來幫助人們將目標和決心轉化為實質的成果。心態呈現出一個人心靈的品質，也代表一個人能給予思想和計畫的力量。

一個人的心態需要花多少時間才能吸引實質上的成果，完全取決於大自然法則和這個人的慾望有多強烈，還有他能否控制自己的想法以避免思想受到恐懼、懷疑和自我限制的影響。這種控制來自於持續的警覺，他必須要避免負面思想，讓「無窮的智慧」湧入並引導他。舉例來說，如果明確的目標是得到一百元，可能需要幾天，或是幾個小時就能實現，但如果目標是得到一百萬元，就需要更長的時間，某種程度上，這也要視你想要用什麼來交換這一百萬元而定。

若要精確衡量需要多少時間才能將明確的目標轉化為實質成果，可以根據你提供服務所需的時間，或是交換與這個目標同等價值的東西來判斷。

我希望在本章結束前能向讀者證明，施與受之間有個明確的因果關係。一般來說，人們所得到的財富和物質，是因為他們提供了某種有用的服務。

要確保將明確的目標經由人的思想透過自然法則轉化以完全實現，唯一已知的辦法就是先找到實現目標的動機，並透過和諧的精神去創造有用的服務。

有紀律的心靈能夠掌握明確的目標並採取行動，不需要任何外來的或人為的輔助；缺乏紀律的心靈在面對明確的目標時則需要外來的支撐。對沒有紀律的人來說，最好的方式就完整、具體描述他的目標，然後每天至少朗讀一次。寫下目標可以迫使一個人確立心中的目標，習慣性地朗讀可以將目標鎖定在心中，如此一來，潛意識就會被啟動並根據目標採取行動。

”

The first step from poverty to riches is the most difficult.

萬事起頭難，尤其是從貧窮到富裕的第一步。

“

金錢的好處，在於能善用金錢做有意義的事。整體而言，靠自己能力賺錢的人，在賺錢的同時，也會得到該如何善用金錢的智慧。

如果你需要實際的例證，不妨看看在富裕的家庭中成長的孩子，這些孩子從小就不需要靠個人的努力累積財富。不過，我從沒遇過擁有商業敏銳度的富二代，他們也無法達到和父親一樣的成就。關於金錢，真正的樂趣來自於賺錢，而非不勞而獲。

美國是一個年輕的國家，處處充滿機會，每一天都有人設法開創新的機會、開啟新的道路，目前汽車和飛機產業有無限的潛力，可以為成千上萬富有想像力、技能和有進取心的年輕人開創新的領域。比起其他國家，在美國有更多的機會可以透過有用的服務來創造財富。

只有缺乏想像力、沒有能力自立又沒有進取心的人，才會缺乏機會。現在全世界都向美國看齊，世人需要我們對技能和想像力有創新想法與發明。環顧四周你就會發現，現在正是許多機會萌芽的年代。

現在壽險機構正幫助數百萬的人們培養儲蓄的習慣，並提供人們機會創造有用的服務、幫助他們達到財務獨立。未來的保險經紀人將是教師兼業務人員，教導人們規劃時間和支出，並且系統性地投資於保險中。

壽險業是美國龐大經濟體系中，一個主要的支柱，能創造數十萬人就業機會，他們為人們提供的服務不亞於牧師或是學校教師，壽險業務將成為最受重視的職業之一，薪資將相當於或高於需要受過良好教育的職業。未來，人壽保險業務將成為一種社會科學，相關知識最終將在教育系統中傳授。

一個人的成就與他為人處世的態度息息相關。如果你願意付出代價獲得你亟欲想要的知識，那麼你一定能對世界有很大的貢獻，世界也將以你選擇的方式來回報你。這就是真正的美國精神。

所有在美國追求成功的人，都應該了解並尊重美國精神的基礎。所有忽略或拒絕忠實地支持美國精神的人，可能在不知不覺中造成損害這些支柱，因而摧毀他們功成名就的機會。有些力量會給予人們成功的機會，無法和這種力量同步的人，顯然無法享受永遠的成功。

美國精神的六大支柱

六大支柱造就美國精神，這也是美國和其他國家的不同之處：

一、美國憲法中明文規定，美國政府提供最完整的權利，包括人身自由、思想自由、言論自由、信仰自由，最重要的是選擇的自由，賦予每一位公民選擇職業的權利，並根據他的所知、技能和經驗定訂價格。世上沒有任何一個國家像美國政府一樣，賦予其公民這麼多的機會以行銷其服務。

二、美國的工業體系，有無與倫比的領袖人才和天然資源，再加上美國的民主精神和美國政府的支持，以各種方式保護我們的工業體系，不必擔心其他國家的競爭。只要產業的領袖和政府官員之間能和諧、體諒並以同理心互相合作，每一個公民都能直接或間接受惠於不斷擴張的產業體系。如果政府領導人和產業領袖開始忽略或拒絕和諧地朝著共同的目標努力，短視近利將壓垮所有公民的經濟命脈。

美國是一個朝向工業化發展的國家。工業不只提供大量的就業與薪資，也吸收了大量的農產品，同時也是律師、醫生、牙醫、工程師、教育者、教會和其他職業的支柱。「美國精神」和工業息息相關，缺一不可。

三、美國的銀行體系是維繫工業、農業、商業和專業系統的命脈，維持了產業的運作和靈活，雖然要付出成本，但不會對任何人造成負擔。了解銀行體系所提供服務的性質，你就不會像無知的少數人一樣，只想著對抗他們想像出來的華爾街的罪惡。有見識的人都知道，在這個國家，我們擁有雙重政府體制，在華盛頓設有政治部門，在紐約設有金融部門。當國家的這兩個分支和諧地運轉，我們就能享有繁榮的時代。

此外，我們所擁有的政治和金融經濟資源，使美國具備強大的競爭力。過去，國家的這兩個分支曾經互相敵對，國民就會因「恐慌」和弊病而受害。銀行對於我們生活的重要性，就和商店和辦公室同等重要。事實上，若缺乏穩定的現金或信貸供給，商品或商業就無法有效的持續，而銀行正是提供現金和信貸的機構。

四、美國的壽險制度就像巨大的全國性個人儲蓄機構，並且提供我們經濟體系的彈性，只有銀行是辦不到的。沒有別的機構能提供人民穩定的儲蓄管道，並為其家人提供保障，同時不必擔心老年及經濟不穩定。壽險機構是美國社會的基石，讓所有身心健全的人不會因為在年老時必須接受救濟而感到羞恥。

五、熱愛自由與強調民族自決的美國精神，正如同產業和政府的先行者表達了我們對自由民族精神的熱愛，以及對言論、思想和行動自由的熱愛，這些都是過去美國偉大的領袖傑出卓越的特質。

六、美國的正義感，激發我們為保護弱者而戰、絕不容忍以武力征服併吞土地卻不提供足夠的補償。

這六大支柱就是令美國從所有國家中脫穎而出的主要原因。任何弱化美國精神六大支柱的事物，都會破壞我們整個國家的命脈。光是個人不從事或不說任何會削弱這些支柱的行為或話語還不夠，所有忠貞的美國人都應該捍衛這些基本的原則，不被任何人試圖弱化或摧毀。

身為美國人，我們不應該只談論自己的權利，而是應該思考和討論個人的責任和榮譽，並以具體行動保護這些責任和榮譽。捍衛美國精神的基本支柱，是每個人一生中重要的目標，是每個公民的責任。

帶有激進思想的人會挑剔我們的政府、工業體系、銀行體系，以及所有代表美國精神支柱的事物。但是，仔細分析這些人就會發現，他們都有某種程度的自卑感，他們透過詆毀所有事業有成的人，來掩飾心中的自卑。

部分思想激進的人對於某些主題都有極佳的見解，除了經濟和社會學之外。有些人是在外國出生，有些是在美國出生；有些人投身政治、有些人參與教會，也有許多人在公立中小學和學院、參與工會，遍布各行各業。無論是無知或是出於惡毒，他們摧毀國家基石的所做所為都不應被容忍。雖然我們宣揚並實踐言論自由，但不表示應該允許他們摧毀全世界最偉大的國家。言論自由並不表示可以詆毀正直的人。

從人類文明之初，財富一直落入思想精準的人手中，這些人有明確的目標、有豐富的想像力，也積極地將想像力轉化為實用的服務。思想激進的人無法改變這一點，正因為如此，我相信財富分配最好的方式就是分享成功之道。

當我們談到美國所擁有的資源時，一定要記住，最偉大的資源不是銀行裡的錢，也不是地底的礦物，更不是森林裡的樹木，或是肥沃的土壤，而是人們的心態、想像力以及開拓的精神。人們將經驗、教育融合這些原物料，轉化為各種實用的服務提供全世界的人們。

這個國家所擁有真正的財富並非任何有形的物質，而是「無形的思想力量」，正如我們的領袖了解並應用個人成功之道，並將它反映在更廣泛的願景、更開闊的視野、更偉大的抱負和創新精神之中。不理解這一點的人，就無法了解為什麼美國是世界上「最富裕也最自由」的國家。

對所有成功的人來說，**明確的目標**顯然是必要的，因為如果不先知道自己想要什麼，就不可能成功。有意思的是，百分之九十八的人完全沒有一個明確的目標，同時間，大約有百分之九十八的人被認為是失敗的人。

要維持明確目標的價值，就必須把它當日常習慣一樣的接受並實踐。如果沒有這樣的習慣，就會養成「散漫」，這是會導致失敗的習慣。我們發現，有明確業績目標的業務員，比起沒有業績目標的業務員，銷售出更多商品。

成功有一個很好的定義：「在不侵犯他人權利的情況下，獲得任何想要事物的能力。」沒有明確目標的人就沒有足夠能力獲得任何東西，除了別人不想要的東西。讀者會發現，有權勢的人可以果斷做決定，但是如果要改變心意時卻沒那麼快。「決定」和「明確」是一體兩面，同時存在，代表正向的心態。如果沒有正向的心態，不管從事什麼職業都不會成功，這更是所有偉大領導者具備的重要心態。

如果分析我對成功的定義就會發現，成功毫無幸運的成份。雖然有些人會因為偶然或運氣得到機會，但是一旦運氣轉向，他們也會莫名其妙失去機會。只要研究那些繼承財富、不是靠自己賺錢的人，和因為「有助力」而推升至高位的人之間的差別，就能證實這個理論，當他們得到機會時，必須要有動力才能把握機會，而動力需要有明確的目標。只想要靠「動力」和運氣的人就會發現，厄運就像堅硬的棍子，一旦當頭棒喝打下來，他們無力招架。

成功之道的十點規則

成功之道是許多個人特質和習慣的組合。簡單的說，這十種個人特色（我稱之為成功之道的十點規則）如下：

一、將明確的目標變成習慣

二、決策明快

三、人格健全（誠懇）

四、嚴格管理自己的情緒

五、執著地想要提供有用的服務

六、全面了解自己的職業

七、包容

八、對同僚忠誠、相信自然法則

九、持續渴望學習新知

十、充滿想像力

讀者會發現，這十點規則是任何人都可以培養的特質。你還會發現，這些特質會發展出一種「不會侵犯別人權利」的成功之道，是任何人都能獲得的。

古諺語說「知識就是力量」未必是真的。知識未必是力量，除非知識能被用來提供有用的服務。一個人的地位端視他所能提供服務的質與量，還有提供服務的心態。善用成功之道的人如果持續具備影響力，就一定是了解並應用Q＋Q＋C的公式——那就是提供高品質（Quality）、大量（Quantity）的服務，而且行止端正（Conduct）。

換句話說，服務的質與量加上品性，等於一個人的成功。

再仔細研究QQC公式，就會發現，這只包含了任何人都可以培養的特質。這個公式毫無「運氣」的成份，不過也許可以這麼說，運用這個公式的人似乎運氣都不錯。

有些人總是抱怨自己的運氣不好，或是運勢存心找他的麻煩，這些人只不過是把運氣當作懶惰、冷漠或沒有上進心的藉口。想要不勞而獲的人，一遭遇失敗就會抱怨「運氣不好」。

成功的人幾乎不談運氣，因為他們相信成功掌握在自己手中，他們會創造自己的「運氣」。

約翰．沃納梅克[2]（John Wanamaker）透過開設百貨公司服務大眾，當他被問到為何能把公司經營得這麼好，他很快地回答，他之所以能成為成功的商人，完全是因為他有明確的成功之道，和運氣毫無關係。

詹姆斯・J・希爾（James J. Hill）以明確的目標打造了大北方鐵路系統，營運得非常成功。他透過有系統的計畫，從卑微的電報員一路晉升至大型鐵路公司的老闆。他的成功之道完全不依賴運氣。

湯瑪士・愛迪生（Thomas A. Edison）發明白熾燈炮、留聲機、電影，還有十多種輔助設備，但他的成功完全不靠運氣。事實上，愛迪生經歷了上萬次的失敗，才找到控制電力的方法，並得以點亮電燈，證明了他不相信運氣。

用先前談到成功之道的十點規則來衡量這些人以及和他們一樣成功的人，我們會得到一個結論，那就是他們的成功是因為他們發展並利用這十項特質。成功是透過明確的目標，適當地組織、控制和引導思想的結果。

---

2 譯註：約翰・沃納梅克被稱為百貨公司之父。他的第一間百貨公司於一八六一年在費城開幕。沃納梅克百貨還開啟了退貨制度為百貨公司訂立了經營標準。

但我必須提出警告，別以為光是有明確的目標就足以實現成功。成功之道還有十六個其他主要的原則，而明確的目標必須結合這些原則。選擇明確的目標只不過是邁向成功的開端，要將明確的目標轉化為實質或財務成果的成功之道，就必須了解並善用成功的其他原則。

還有一件事是和成功之道息息相關的，就是我們必須了解，獲得大眾同意所取得的權力，和強迫別人同意所得到的權力，兩者之間是不同的。

許多原本可能功成名就的人，因為不了解這兩者的差別到最後反而失敗。若是仔細研究上面提到的十點規則，你會相信，這個規則只會引導你獲得在他人同意和合作下，賦予你的權力。

底特律的**亨利．福特**（Henry Ford）對人際關係的一套哲理，使他成為企業界的領導者。我希望讀者能到底特律去見見福特先生，因為他未來肯定會成為汽車業界的龍頭。仔細地研究他、精確地衡量他的哲理，並觀察他如何運用十點規則以取得成功。他對於明確的目標非常地執著。他知道要把雞蛋全放進同一個籃子裡，然後以明確的目標來守護這個籃子。

簡單地說，他的目標是要製造低價、可靠的汽車。他的想法很簡單，卻能引導他實現目標。他的理念為他帶來龐大的財富，以及眾多的朋友和顧客，比起其他企業家，這會讓他擁有更重要的地位。

接著我們一起來看看，**F・W・伍爾沃斯**（F. W. Woolworth）在了解成功之道的十點規則後所實現的成就。他的理念和亨利・福特一樣，他建設的大樓曾是美國最高的建築物，而且他是以人們漫不經心就花掉的小錢，一分一毫建設起來的。他的想法同樣也很簡單，利用一個簡單、獨特的商品概念，為他創造龐大的財富。他的成功最奇特之處就在於他的經營策略很簡單。

他的行銷方法並非他專屬，但是模仿的人卻不多。他有明確的目標，用一個政策銷售所有的商品，而其他商人缺乏明確目標，用不同政策銷售每個商品。研究伍爾沃斯和其他以明確的目標為努力方向的人，讀者就會永遠不會再認為成功和運氣有任何關係。

讀者必須將成功之道的十點規則培養成習慣，透過長時間的持續努力，讓成功之道的十個特質成為品格的一部分，甚至是靈魂的本質。

如果只是偶爾實踐一下，在對自己短期目標有幫助時才實踐，沒有幫助時就忽略，即便你會得到成功，卻也是短暫的成功而已。但如果能把這十個特質手寫列出來，並且每天針對每一項特質仔細地為自己評分，絕對有幫助，可以啟動潛意識，使這些特質成為自己品格的一部分。但可別只是吾日三省吾身，還要在和所有人互動時實踐這些規則，因為坐而言不如起而行。

透過習慣的養成將這十點規則成為自己的品性，還要努力設法讓自己周遭的人認同而且也跟著做，尤其是自己最親近的人，例如家人、朋友、同事。有句話說，「培養健全的人品最好的方式就是以身作則，以幫助他人也培養好的人品」。

大致而言，以前學習成功的方式，就是嘗試和犯錯。但這個過程很漫長而且所費不貲。所以很多人的目標即便值得一試，終究以失敗收場。我們必須知道，成功之道的法則是可以學習的——這是只有了解和運用所有成功之道的人才懂的知識。只有經過縝密的計畫而實現的成功，才能永遠保持下去。

運用成功之道而獲得成功的人，可能會因某些判斷失誤或是某些無法控制的原因，暫時失去成功的果實，但他會知道如何彌補損失，他會從過去的失敗學習教訓然後再次得到成功。

此外，精通成功之道的人很快就會學會如何將絆腳石轉化為墊腳石。他會學習從暫時的挫敗中擷取有用的知識。最重要的是，他可以分辨暫時的挫敗和失敗之間的差別。如果遇到暫時的挫敗，他會迅速恢復並從經驗中得益。他會以信念取代挫敗感。他知道如何消除使大多數人望而卻步的自我限制，因為他發現大多數的限制只不過是自己的心境。

對精通成功之道者而言，暫時失敗的經歷不過是個提示，讓他重新制定計畫並強化成功的決心。簡單的說，這些原則提供人們一種哲理，那就是：世界上沒有失敗這回事。精確理解成功之道能讓人具有成功意識，將一個人的思想轉化為強大的磁鐵，吸引著與他的心態相同的事物，因為這些都在他的計畫與目標中。

精通成功之道的人，在人生的道路上會發現很多機會，彷彿是某種奇特的魔法帶來的。他們會發現人們想方設法地配合他，而且很多時候，他自己並沒有要求對方的合作。也許可以這麼說，這個人掌握了成功之道，接著成功之道解決所有阻礙他前進的所有事物。這一切的發生都是來自某種奇妙思想的化學變化，這是一種科學無法理解的變化，也從來沒有人去設法解釋這種奇妙力量的來源。

了解成功之道的人不太可能會是半途而廢的人。因為所有了解成功之道的人都知道，它讓我們有充份的力量去面對緊急情況，成功之道會讓人對信仰更加堅定，會讓業務員有更多能力做銷售，會讓人們成為更忠誠的美國人——因為成功之道是美國發展的基礎。

精通成功之道能帶來的財富包括：持久的友誼、內心的平靜、家庭關係的和諧、財務的安全。內心的平靜就是幸福。這種哲理能幫助所有精通此道的人，在一生中面臨最少的摩擦、抵抗和反對。一旦我們了解成功之道，就可以獲得「無窮智慧」的幫助，讓我們了解與自己、與他人以及與神之間的關係。

任何強烈渴望實現的概念、計畫、想法或目標都會啟動潛意識，並透過任何實際的方式轉化為實質上或財務上的成果。在此我要強調的是，在潛意識神奇的運作中，任何願望、計畫或目標，如果佐以信念和想要實現的強烈慾望，將會快速實踐，絕對優於單純只是想要成功的計畫或目標。

負面的想法也和積極的想法一樣。持續被恐懼和貧窮所占據的心靈，終將走向悲慘和失敗，而總是懷抱信念和渴望財富的想法，最後會通往成功。

讀者一定要了解，**心態**是心靈的雙向通道，懷抱信念的心態會通往成功的寶庫，自動將你的願望、計畫和目標轉化為實質的成果，恐懼和懷疑的心態會帶領你的願望、計畫和目標走向失敗。

我很清楚地可以告訴你，我們的思想就是這麼運作的。任何人都無法告訴你思想如何運作？為何會如此運作？「只要有信念就能成功」絕對不是隨便說說，也絕對不誇張。眾所皆知，人類唯一的限制是來自於自己。如果不是，那要怎麼解釋愛迪生的成就？他一生只受過三個月的學校教育，卻能控制和利用自己的思想而成為世界上最傑出的發明家。

如果不是這樣，我們又該如何解釋亨利．福特的成就？他白手起家，年幼時只接受過最基本的教育，卻能將自己的概念產品化行銷全球，並因為他所提供的服務而累積龐大的財富。

仔細分析福特和愛迪生等人的成就足以讓人相信，懷有明確的目標並相信自己有能力實現目標的人，有能力將他們思想的力量轉化為「無窮的智慧」，從中找到人類所有問題的解答、實現人類所有的願望。

本書的目的不是要引導讀者對心靈的運作進行複雜或抽象的研究，也不是要討論複雜且抽象的心理學。本書的目的是要提供令人信服的證據以顯示，美國這樣的國家有著人們需要或是想要的一切，沒有人有資格說自己什麼也沒有。想得到我們需要和渴望的東西，總是要先有清楚的概念，知道自己迫切想要得到的是什麼。在這樣的國家，人們唯一缺乏的，就是足夠的信念以掌控並善用自己的思想。事實不容質疑，所有成就真正的原因在於**心態**，而不是知識或教育。

我先前說過，潛意識會被啟動並執行我們心中最揮之不去的想法，這些想法融合了可能是積極或是消極的情緒，正如它會將信念的想法轉化為成功，也會將限制、恐懼和懷疑的想法轉化為明確的失敗。我們一起來看看一些眾所皆知的經歷，以證明我的說法。

舉例而言，一九二九年開始，美國進入史上最漫長、最具破壞性的大蕭條時期。在此之前，全國各地多達數百萬人在股市豪賭，瘋狂的交易導致股市崩盤、投資人虧損，他們情緒化的想法開始散布恐懼的波動，緊接著，恐懼的波動向各處擴散，甚至影響到其他數百萬沒有在股市裡豪賭的人，最終導致大規模的恐慌，癱瘓了整個銀行體系，導致銀行擠兌、工業停擺、一般商業活動關閉，規模之大前所未有。

一夕之間，美國從富裕和豐饒頓時陷入恐懼和貧窮，但是其實在恐慌期間，美國國內各種形式的財富仍和崩盤前是一樣的。全世界人類的活動隨著心態的改變而改變，一如海洋潮汐的起落與流動。這一切讓人想起那句老話：「成功吸引成功、失敗吸引失敗。」

透過精確的分析逾二萬五千個被認為是「失敗」的個案，可以找到明確的證據來支持吸引力法則。以下是幾個主要的原因（未按照失敗的原因與其相對的影響分類）：

一、普遍習慣了**接受貧窮帶來的限制**，這種習慣反映出來的是，滿足於生活的三個基本的需求：食、衣、住。在此我並不想探究為什麼人們缺乏進取心，導致人們不追求更高的目標，而只是追求生活的必需。我只是在分析一個眾所周知的事實，以闡釋雖然美國坐擁龐大的財富，但大多數的人卻沒有明確的目標，只想圖個溫飽而已。

二、沒有認清每一位心理學家都知道的事：除了那些拒絕掌控並善用自己的心靈、對自己的想法施加限制的那些人之外，**外在的物質或情勢對於任何人的心態完全沒有任何影響**。無數的證據顯示，任何心智正常的人都可以突破貧窮的侷限，只要人們能掌控自己的思想，並決心利用思想來致富。

當安德魯・卡內基決定辭去一般的勞務工作，開始成立、經營大型鋼鐵公司以獲得較高的收益時，他用行動證明了想法能解除自我侷限。

當愛迪生決定離開卑微的流浪電報員工作，成為世界上最偉大的發明家時，他也證明了想法的力量。雖然看起來很奇特，但是想法的力量讓他從工作不穩定的流浪生涯搖身一變成為成功的發明家，這個力量也是令他參透「無窮的智慧」的祕密力量，讓他發現大自然的奧祕。

三、**不知道「想得到的願望」和「決心得到的慾望」之間的重大差異**。人人都希望得到更好的東西，但是許多人會犯下嚴重的錯誤，以為只要有願望就等於是定義了明確的目標，並且渴望得能到。這兩者正是成功與失敗的差異。

四、習慣**讓恐懼和既定的自卑感侷限了思想**。許多人生於貧窮的環境，並且與那些接受貧窮就是命運的人為伍，這些人因為恐懼而在心裡築起無法跨越的障礙。每年都有數以百萬計的兒童生於貧窮，他們從不知道自己可以實現財務獨立。從出生到死亡，他們的想法就像在開倒車、宣判自己墮入貧窮。

五、因為自卑感，**沒有培養積極主動的習慣**。很顯然，缺乏進取心的人永遠不會掌控自己的想法或任何東西。

六、**短視近利**，有意或無意的習慣侷限了自己思想的力量，只想追求平庸的人生。不論侷限的原因為何，侷限的思想會限制人的成就。追求平庸的人就只能庸庸碌碌。

七、**缺乏重視培養有魅力的人格特質**，不學習技藝，不培養習慣與能力，不為他人無私地奉獻，只在乎自己。

八、習慣**因循怠惰**，導致終生習慣性的散漫，每次遇到事情就會選擇阻力最小的方法。懶惰和貪圖方便永遠無法成就偉大的帝國。

九、**選擇和忍受與短視近利的人為伍**。心態是會傳染的，所以成功的人應該要和有抱負的人為伍，因為有抱負的人會拒絕對人生設限。

十、**缺乏信念**，而且不了解祈禱的原則。我們在祈禱的時候，潛意識會將明確的心態轉化成「無窮的智慧」。

以上簡單但精確的說明了人們令自己陷入悲慘、貧窮和失敗的主要原因。若要開始邁向成功，請盤點一下，自己的腦袋裝了多少導致失敗的原因。

唯一沒有固定價值的資產就是想法，它是所有成就的起源、所有財富的基礎、所有發明的起點。想法主宰了我們之上的一切，它讓我們得以控制和使用資源。透過想法，能讓任何人進行溝通。

想法是明確目標所產生的結果。留聲機原本只是個抽象的想法，直到愛迪生將這個想法交給大腦的潛意識區，然後再被投射至「無窮的智慧」寶庫，最後彈回到他的意識中成為明確的計畫，製造出完美的機器。

反酒館聯盟[3]（The Anti-Saloon League）原本只是存在兩位創辦人腦海中

的模糊概念，在本書撰寫前四十多年，由兩位創辦人在俄亥俄州威斯特維爾鎮成立。但是後來，這個有明確目標的想法完全掃除美國的酒館。我不是要闡述這個想法的優點，我只是想讓讀者知道，當人們持續以意志支持想法就能產生力量。

艾爾・卡彭[4]（Al Capone）的黑道組織，就是反酒館聯盟造成社會環境改變的直接結果，雖然他的想法並不是什麼好事，但他佐以明確的目標讓這個想法有動力茁壯，結果導致整個執法部門都必須設法阻止他的想法所造成的破壞。所以，可以說不論結果是好是壞，只要有明確目標的想法都能成功實現。

剛開始扶輪社只是由一名律師所創辦的概念，他原本的目的是要擴大社交

3 譯註：反酒館聯盟（The Anti-Saloon League）成立於一八九三年，是二十世紀初期美國最重要的禁酒遊說團體，促成了一九二〇年的美國憲法第十八條修正案，禁止販售酒精類飲品，但後來間接造成了私釀酒氾濫、黑市交易以及大量與禁酒相關的治安問題和黑道猖獗。直到一九三三年，憲法第二十一條修正案生效，廢除第十八條修正案，美國的禁酒令才走入歷史。

4 譯註：艾爾・卡彭（Al Capone），綽號「疤面」的芝加哥犯罪集團（Chicago Outfit）的共同創辦人，美國知名義大利裔黑幫老大，經營私酒黑市，以暴力、詐騙、組織慈善活動和資助政治人物等手段，在一九二〇年代的芝加哥呼風喚雨。卡彭驚濤駭浪的黑道生涯是許多小說、電視與電影的靈感來源。

圈，在不違反律師職業倫理的前提下，尋找更多法律服務的對象。扶輪社的概念一開始很簡單，但是輔以明確的目標，現在世界各地都有分社，扶輪社就像個平台，讓全世界幾乎所有國家的人們友好地聚會。

因為一個出身卑微的水手有著明確的目標，因而發現美洲新大陸，並將文明帶入薰陶。很快地，發現新大陸成為影響人類最重要的一件事，也是文明最新發展之地。

我認為世界上最偉大的良善力量是基督教，但它原本只存在於一個木匠心中[5]。經過持續的運用明確目標的原則，祂的想法持續了兩千年，只要人們能持續遵循基督的教義，就可能會拯救文明，不被現在的趨勢毀滅。

人們相信、談論和期待的事，會以奇特的方式呈現。我希望正陷入掙扎、想要擺脫貧窮和悲苦的人們不要忘了這個偉大的事實，因為成功之道不只適用於個人，也適用於國家。

現在我們來看看想法、概念、計畫和目標，如何從清楚的意識進入大腦的潛意識，然後啟動「無窮的智慧」以產生合理的結果。

透過信念、恐懼或任何其他強烈的情緒，例如熱忱、以明確目標為基礎的熱切渴望或是仇恨與嫉妒，來增加或刺激想法的波動，以加速從意識進入到潛意識的過程。以信念為基礎的想法似乎比其他情緒要來得更明確，而且潛意識接手的速度會更快。信念的力量以很快的速度運作，令人以為某些現象是「奇蹟」。

現代的心理學家不認為這種現象是奇蹟，他們聲稱所有發生的事件，都有一個明確的原因。儘管如此，但大家都知道：不論問題的本質為何，有能力透過信念擺脫自我侷限的人，通常會找到辦法解決所有的問題。

「無窮的智慧」雖然不會自動解決難題，卻能將進入潛意識中的概念、目標、

5 譯註：一般認為耶穌年輕時曾隨木匠父親約瑟從事木工，因此在基督教世界，提到木匠會令人先聯想到耶穌。

目的或慾望，提出一個合理的結論。但是，「無窮的智慧」從來不會設法修正或改變任何想法，也不會針對願望或不明確的概念、想法或目標採取行動。牢記這一點，你就會發現，和那些面對問題時只會擔心的人相比，你比他們更有足夠的能力可以解決日常生活的問題。

所謂的「直覺」通常是個訊號，顯示「無窮的智慧」正試著影響意識。直覺通常是在回應潛意識交付給「無窮的智慧」的想法、計畫、目的、慾望或是恐懼。我們應該要好好看待直覺、仔細的審視，因為直覺通常傳達的是對個人最有價值的資訊。通常在想法接觸到「無窮的智慧」寶庫後，經過好幾個小時、好幾天，甚至好幾周後，才會有這些直覺，與此同時，人們通常會忘記原本是什麼想法啟發了這些直覺。

這是個非常深入、奧妙的主題，就連智慧最高深的人也所知有限。只有在深入冥想時，這個主題才會變得明顯。許多人相信，冥想和祈禱有相同的作用，也有人相信，以信念為基礎的明確目標是最好的祈禱。了解此處所描述的思想運作的原則，你就能得到線索：了解為什麼有時候祈禱能帶來人們渴望得到的，有時候卻反而帶來人們不想要的。

其實，大部分的人是在不順遂時才祈禱，而且往往是在最緊急的時候，而此時他們的腦中充滿恐懼和懷疑，這樣你就能了解為什麼祈禱常常會帶來人們最不想要的。如果你在祈禱時，腦中想的全部都是恐懼和懷疑，那麼「無窮的智慧」似乎會透過合理的結論來配合你祈禱時的心態。

只有在祈禱之前就彷彿看到自己的渴望成真，如此的信念才能夠產生結果，沒有例外。這種心態只會透過內心的準備和紀律才能得到。有時候，紀律是個人刻意努力追求的結果，有時候，是因為深沉的悲傷或深切的失望，迫使人轉向「內在的自己」尋求慰藉，然而事實是，失敗有時候是因禍得福。

仔細地分析人類文明就會深刻地了解，人類經常受到諸如世界性經濟蕭條等重大災難的摧殘，因此合理地解釋失敗和失望都是紀律的武器，讓人類尋求精神的協助。從一九二九年到一九三九年蔓延全球的十年大蕭條，通常被認為是：大自然迫使人類重拾在第一次世界大戰時拋棄的精神價值。

所有偉大的領導者，都是透過精神的力量實現他們的成就。有一種力量超越人類有限的心智所能理解的範圍。想要成功地達到任何明確的目標，就要接受這個重要的事實。所有不分時代的偉大哲學家，從柏拉圖和蘇格拉底到愛默生和現代哲人，以及當代的偉大政治人物，從華盛頓到林肯，在面臨危機時都會尋求內心的自我。

唯有認同並利用內心感受到的無限心靈力量，否則永遠也不可能獲得偉大且持續的成功。無法認同這個深刻的真理也許就是現在全球面臨心靈破產的原因！不論你是誰、你的使命為何，如果你忽略或拒絕認同並善用心靈的力量，就永遠無法得到強大的力量。

美國最優秀的壽險業務員，連續十五年榮登「百萬俱樂部」，這是一年銷售至少一百萬美元保險的壽險業務員組織，雖然大家說他在工作時「冷靜而精於算計」，但他在打電話給潛在的保險客戶之前，一定會至少用一個小時為他的心靈做好準備，他會審視「內在的自我」，用所有他能控制的心靈力量取代「冷靜的頭腦」。也就是說，他在祈禱時和神交流。他發現「無窮的智慧」透過壽險的方式，將他的慾望轉化為服務人群，這種智慧也同樣的能快速、明確地轉化任何其他目標。

他不會用誇張的動作說明他的如何做生意，也不會強調他的宗教信仰。他如何利用自己心靈的力量來幫助他日常的工作，是他和造物主之間的事。他發自內心表現出真誠想要幫助別人的慾望。

我們認為，也許是因為他以低調、內斂的方式尋求自身心靈的力量，讓他更接近所有力量的來源，不像其他人以誇張的方式廣為宣傳自己的宗教信仰。

有些人批評已逝的愛迪生，但是他們根本不了解他的信仰，假設他之所以成為世界上最傑出的發明家，是因為他的邏輯推理能力很好。

事實正好相反。筆者是愛迪生先生長年信任的密友，因此我可以說愛迪生先生的成功主要是因為他習慣追尋「內在的自己」，以解開最令他困惑的問題。愛迪生先生了解並徹底善用他的心靈，他比許多宣揚根深蒂固信仰的人，更重視精神信仰。

很多人也可能會驚訝地發現，亨利．福特了不起的工業與金融智慧，深植於他能善用精神的力量。福特先生從來不強調或是宣傳他的精神信仰，但可以肯定的是，他的財富和偉大的成就都是因為他的知識和善用心靈。不同於歐洲的獨裁者，站在自己的屋頂上大聲疾呼說他們必定贏得勝利——因為神站在他們這一邊，福特先生做生意低調，安靜地將他的目標交給心靈的寶庫，雖然有很多勢力團體無數次的反對他、試圖打擊他，但他仍繼續向前進。

安德魯・卡內基曾說：「注意那些透過心靈的力量強化目標的人，因為他會在工作上挑戰你、在眾人面前超越你。」卡內基在本書撰寫前卅多年就預言，亨利・福特將成為汽車產業的主導者，他知道福特先生認同並善用他的靈性。

《思考致富》[6]的美國出版商不久前收到愛荷華州得梅因市附近的幾間店，以電報訂購這本書。訂購者要求立即以快遞寄出本書。筆者和出版商都不知道刺激本書在得梅因市銷售量的原因，直到幾周後，筆者收到得梅因的愛德華・蔡斯先生的來信，蔡斯先生是永明保險公司（Sun Life Assurance Company）的業務員，他在信中說：

「我想寫信來表達對貴著作《思考致富》的感激。我完全遵照書中的每一項指

6 譯註：本書作者拿破崙・希爾所著《思考致富》一書出版於一九三七年，包括各種語言的翻譯本在內至今銷售上億本。

示。結果我得到一個想法，然後讓我銷售一筆兩百萬美元的保單。這是得梅因最高額的單筆保險金額。」

蔡斯先生信中最關鍵的一句話是第二句：「我完全遵照書中的每一項指示。」我想簡單的告訴讀者，蔡斯先生是如何能輕而易舉地就將本書的內容轉化成為壽險銷售額，超越一般保險業務員四年努力工作的業績。

首先，激發這筆大額業務交易的《思考致富》充滿了激勵心靈的話，二十五萬名讀者之中有許多人都能證實這一點。

蔡斯先生證實了他敞開心胸閱讀《思考致富》，並且「完全遵照書中的每一項指示」。當他銷售兩百萬美元的保單時，他有著「明確的目標」，並且由信念所支持著。有些人也許只是讀過那本書，但他不只是如此，他沒有把書放在一旁、懷疑書中的原則也許有用、也許沒用。他在閱讀時抱持著開放的態度、認同書中描述的刺激性的心靈力量、借用這些力量運用在他的壽險業務上。

蔡斯先生在閱讀的過程中接觸到筆者的心靈，也快速明確觸碰到他的心靈，使得他的想法應運而生。他的想法就是銷售大額的保單，也許是他銷售過最大筆的金額。保險的銷售成為他立即的「明確目標」。他毫不遲疑的針對目標採取行動，然後你看！他的目標就達成了！銷售兩百萬美元保單所花的時間和心力，和銷售一千美元保單一樣。卡內基先生說得很好，受到心靈所激勵的人「能在工作上挑戰你、在眾人面前超越你」，不論是銷售保單還是挖水溝都一樣。熟悉心靈的力量並且相信、利用這種力量來解決問題的人，根本不可能會失敗。

正如卡內基先生所說：「有些人有一個很大的弱點，那就是他們知道的太多了！他們知道太多不會成功的事。」他的意思是，有些人不熟悉並忽略不去利用心靈的力量，只靠他們相信自己認為的邏輯智慧引導他們的人生。

真正的偉人都是心胸開闊而且謙遜為懷的人，傲慢自大的人永遠無法得到「無窮的智慧」的幫助，能實現的成就也就有限。

如果只是隨興的翻閱本書，無法讓讀者完整獲得書中闡釋的好處。那本書所傳達的不只是頁面上的文字而已。讀者想要發現字裡行間隱藏的「那個祕密」，只有在敞開心胸、有著「明確目標」，並且決心調整並獲得如鋼鐵大王和其他事業有成的人士一樣的精神，讀者才能在本書的課程中發現他們的成功之道。

願景是一種無價的資產。但是消極的遠見只會帶來不切實際的白日夢。卡內基先生用簡單的話描述明確的目標，任何小學生都能容易明白，但是除非被賦予生命並應用心靈的力量採取行動，否則明確的目標也只是消極的願景。訂立明確的目標只是邁向成功的起點而已。

一個人的目標必須脫離消極，並給予採取行動的心靈力量！為了徹底實現你的首要目標，你必須對這個目標執著。

有一個明確的公式可以實現這個理想的目標，而我接下來就要介紹這個公式：

將明確的目標轉化為實質成果的公式

一、完整、清楚地寫下你的「明確的目標」、簽上大名、烙印在心裡，每天至少要朗讀一次。把首要的目標當成祈禱的內容，而你對實現這個目標的信念要非常明確，你甚至能想像自己已經實現了目標。

二、在另一面寫下清楚的計畫，就是你希望實現目標的方式。重要的是，所有的計畫都要有充份的彈性，這樣當你「內在的動力」想要調整時，就能夠調整、修改、變更或取代計畫。記住，每天朗讀目標，是要讓它深植在你的潛意識中，然後「無窮的智慧」就會接收這個目標、採取行動。

此外，「無窮的智慧」也會有將目標轉化為實質成果的計畫，所以要注意是否有改變計畫的訊號。這個訊號會是你的腦中出現忽然的想法或是「直覺」，也許是當你最沒有預期的時候發生。當你感覺到計畫需要改變時不要遲疑，立即針對你的直覺進行任何改變。

三、寫下目標時，同時在你的說明中加上願望實現的明確時限。自然的法則和人類的法律一樣，時間極為重要。可執行的法律合約必須有合理的時限，讓合約的條款執行。與「無窮的智慧」訂立的契約也一樣。如果沒有明訂實現首要目標的時限，那麼「無窮的智慧」會按照自己的速度進行，除非你明確設定一個實現首要目標的時限，否則「無窮的智慧」可能不會及時幫你實現目標。

四、在朗讀你所寫下的首要目標時，控制你的「心態」。除非你獨自一人，否則不要開始這個儀式，而且要清除恐懼、懷疑和憂慮再開始。「無窮的智慧」會針對你的慾望和需求所抱持的「心態」採取行動並執行。如果你掌握到這個指示的要領，並且養成習慣忠實地執行，很快的，你就會發現自己握有可以隨時開啟心靈寶庫之門的鑰匙。

明確的目標宣言應該寫些什麼

為了確保所有讀者知道「明確的目標」該寫些什麼，筆者提供以下大綱做為指引：

一、第一段應精確地陳述你想要成就的事，以及你想要首要目標成功的時限。

二、第二段應清楚、明確地描述你想提供的服務的質與量，以及希望獲得的回報。不要搞錯了，「無窮的智慧」絕對不會讓人不勞而獲，也不會偏心那些期望或要求超過自己所提供價值的人。人類會互相欺騙，但是沒有人騙得了「無窮的智慧」。

三、第三段應該描述你提供服務的「心態」。你的描述中應該清楚地陳述，你將以和諧的心態面對每一個你服務的對象。記住，當你執行這些指示時，你服務的對象會受到你的「心態」和行為模式所影響，他們的回應會和你的心境一致，正如「無窮的智慧」注意到你的心態一樣。同樣的，別忽略了這個指示的重要性。如果你忽略了，你犯的錯誤可能會令你失去所有努力的成果。

四、第四段應該清楚地描述，身為公民，你打算盡的責任是什麼，當你在寫的時候要記住，沒有人可以不必貢獻對等價值的東西，就無止境地享受美國精神所提供的權利。你在這一段所寫的承諾可以精確地衡量你的人品，所以，在寫下你對國家的責任時，要展現你的器量。

同時也要記住，你對國家的「心態」意外地會反映出你對最親近的人的心態，還有你對於服務對象的心態。被別人尊重和喜歡，就等於是移除你和目標之間的障礙。所以你是為了自己而要改善和你親近的人之間的關係。

五、第五段中，清楚地陳述你打算如何發展並利用心靈的力量。你可以用任何方法來進行，但你必須有明確的宗教習慣，以廣泛、正向利用你的精神為目標。如果你屬於某個教會，你必須強化你與心靈指導者的關係。如果你不參與教會活動也沒有宗教信仰，那麼或許你可以開始這麼做。教會的氣氛提供每個人都需要的心靈激勵。但是正如同所有其他人際關係，你所得到的和你所付出的成正比。教會所提供的好處和你所參加的教會活動有關。所以，開始吧。

六、在第六段中，承諾你將行使投票的權利和義務，並在每一次選舉中投票。如果你沒有盡到自己的責任，投票選出可靠、誠實的官員，就不是個好公民。如果我們自豪的美國精神要維持自由、民主，每位公民都必須履行義務，用選票讓誠實的人擔任公職。

七、在第七段中，要清楚描述你打算以什麼樣的「心態」改善與家人的關係。這項指示對於戶長來說尤其重要。如果和妻子的關係良好，丈夫就可以在妻子的支持下，充滿奮鬥的勇氣。妻子應該是丈夫「智囊團」中最重要的人。如果妻子無法完全認同丈夫的目標，那她對丈夫將有害而無益。事實上，自古以來大部分的偉人背後都有妻子和諧的配合著。當夫妻的思想融合、持續和諧、認同目標且齊心合一，他們就可以跨越任何的阻礙。

八、在第八段中，明確地承諾永遠不誹謗或說別人的壞話。對心靈發展最大的傷害莫過於說三道四和誹謗他人。成功的人不會有這種差勁的習慣。這麼做是在侮辱自己的靈魂、攻擊「無窮的智慧」。

透過明確的目標打造美國的那些人

本章的最後，我想簡單地介紹幾個眾所周知的偉人，他們的貢獻成就了美國精神。

這些人的豐功偉業清楚地顯示他們了解並運用明確的目標，否則的話，他們絕對不可能實現這麼傑出的成就。

亨利·福特，美國排名第一的工業家，雖然他的事業成就非常高，但他最為人稱道的是他有隨著明確的目標行動的習慣。他在工業界的龍頭地位和他的財富，主要歸功於他應用這一原則，更甚於其他的成功之道。福特先生允許工程師將汽車改造成流線型，但他的商業政策卻不改變。從事業一開始，製造和銷售可靠、低價的汽車就是他的明確目標。有四十年的成功紀錄，這仍是他的首要目標，沒有人能質疑這是個合理的目標。

從亨利．福特以來，已經有超過二百人投入又退出汽車業，這些人大多已被遺忘。很多人比福特先生受過更好的教育，有更多資金可以投入工業生產。但他們所缺乏的是比資本更重要的事，那就是**清楚、定義明確的目標**。

湯瑪士．A．愛迪生的偉大在於他運用明確的目標。他堅持一項任務、歷經上萬次的失敗就為了發明白熾燈，這樣的人只能用「偉大」來形容。普通人在經歷一、兩次失敗後通常就會放棄，有些人甚至還沒開始做就先預期失敗、逃避現實而不是面對現實。

沃爾特．克萊斯勒（Walter Percy Chrysler）年輕時花掉身上所有的錢買了一輛汽車，開回家後便把車拆解。他拆下每一顆螺絲、卸下活塞和曲軸、各種控制閥和正時裝置。然後他把車子又再組裝回去。他一而再、再而三的重複這麼做，最後他的親戚都以為他瘋了。但是克萊斯勒知道自己在做什麼！他選擇了一個明確的目標，就是汽車製造業。在他開始投入這一行之前，他想學習所有關汽車機械構造的知識。但更重要的是，他想要增進自己對汽車的了解。當他採取行動開始製造汽車時，他忽然聲名大噪、獲利大增，工業界無人不知。

有人說，只要一個人清楚地知道他想要什麼，而且只要他夠渴望，就能得到任何想要的東西。這麼說雖然有點籠統，但是觀察過思想的力量後也可以證實這種說法。許多年前，**羅素．康威爾**（Russell Conwell）想要在費城建立一所學院，但他自己沒有錢，也不知道該去哪裡才能以傳統的商業管道取得這筆錢，最後他只好求助「內在的自我」，他影響自己的思想產生一個概念，並用這個概念來換取他所需要的金錢。

這個概念以「直覺」的方式降臨，猶如當頭棒喝一般把他從睡夢中敲醒。這個概念很簡單，他得到啟發寫下名為〈鑽石之地〉（Acres of Diamonds）的演說稿，發表過上千次的演說，並且在一生中創造超過四百萬美元的收入。後來這個演說的內容出版成書，並且成為暢銷書長銷多年，至本書撰稿時仍在出版。

從書上看起來演說的內容似乎很簡單，但是卻蘊含了作者本人熱情的心靈力量，這股精神深入所有聽講者的心。不論是透過寫書、佈道，還是製造汽車，一個人只要能自由地將心靈的力量運用在工作中，而且明確地知道自己想要透過工作實現的目標是什麼，他就能創造出傳世鉅作。一個人工作的「心態」是工作品質的決定性因素，三心二意只會創造出半成品，做自己最喜歡的事，才能做得最好。

法蘭克・甘梭羅士（Frank Gunsaulus）年輕時擔任傳教士，一直想要在芝加哥創立一所學院。他沒有資金，也沒有朋友能借給他錢，所以他和羅素・康威爾博士一樣尋求「內在的自我」幫助他的需求。他需要高達一百萬美元的資金，以一個年輕、默默無聞的牧師來說，只憑一己之力要募得這筆錢可謂相當困難。

但是「神的行事神祕，祂的奇蹟奉行」。甘梭羅士牧師非常想要得到百萬美元，他下定決心一定要得到這筆資金。一開始他就只有「明確的目標」，他坐在書房裡開始專注想著如何取得他需要的財富。三個多小時間，他就只想著這件事。他的潛意識提出要求，投射到「無窮的智慧」寶庫，他從寶庫中得知，只要一個人極為渴望或需要金錢或任何東西，絕對有辦法可以取得，因此他想出了得到這筆資金的計畫。他有紀律的心思開始快速、精準地為他設法。

幾個小時後，答案出現了。根據他的回憶，答案就像是靈光乍現一樣。根據他獲得的啟發，他撰寫一篇名為〈如果有一百萬，我會怎麼做〉的佈道文。他在芝加哥的報紙宣布他將在下周日早晨佈道時談論這個主題。已故的罐頭工廠大亨菲利普．D．阿穆爾（Philip D. Armour）注意到這則消息，也許是出於好奇（甘梭羅士牧師則認為這奇妙的現象是天意），阿穆爾去聽他佈道。

甘梭羅士牧師佈道結束後，阿穆爾先生從座位上起身、慢慢走向講道壇，他伸出手向年輕的傳教士握手，令許多人感到意外，他說「我很欣賞你的佈道。明天早上來我的辦公室，我會給你想要的一百萬」。他提供這筆資金，甘梭羅士牧師就用來成立阿穆爾科技學院，如今是美國中西部最知名的學院之一。

甘梭羅士解釋他如何運用心靈的力量，為他的需求尋找解答。他說道：「在我上講道壇佈道前，我先進浴室、關上燈、屈膝、祈禱整整一小時，希望我的佈道能為我募得需要的一百萬元。我沒有告訴神要去哪裡籌錢，我只請求祂引導我朝向正確的方向。當我走上講道壇時，我有一股很強烈的把握，覺得我好像已經得到這筆錢了。」

事後比較甘梭羅士牧師和阿穆爾先生的筆記，我發現了一件驚人的事實，幾乎就在甘梭羅士進入浴室禱告時，阿穆爾先生正在讀報紙上關於他佈道的消息，就在他祈禱時，阿穆爾先生決定去聽他的佈道。阿穆爾先生說：「有一種奇怪的感覺，驅使我去聽他佈道。」

這種事真的很奧妙、驚人，尤其是我們知道這些原則、有理由相信這些故事。的確，人們到處尋求，最後才終於發現，我們完全能掌握滿足需求的方法，那就是我們自己思想的力量，很奇怪吧？我們掌握著所有財富、知道所有慾望的答案、所有問題的解答，但是，我們通常是在最後不得已時才尋求這個方法。

挪威年輕人**克努特．漢姆生**（**Knut Hamsun**）花了二十年的時間追尋人生的方向。他渴望成功的事業，但是不論他如何嘗試都以失敗告終。他願意做任何卑微，卻總是被人當成皮球一樣踢來踢去。最後，他在芝加哥找到電車駕駛的工作，幾周後就被解僱。開除他的人說，他太笨，連別人給他幾分錢他也不收。這話激發了漢姆生，讓他決心找到脫離貧窮的辦法。

他坐在路邊沉思好幾個小時，一開始他還沒有意識到，但然後他開始運用

「明確的目標」原則。他想，既然他是世界上最失敗的人，那他應該寫一本書描述如此「與眾不同」的感覺。他的書名為《飢餓》（Hunger），很快地後來他又出版了鉅作《大地的成長》（Growth of the Soil）。他獲得諾貝爾文學獎的二萬五千美元獎金後，退休回到挪威，但世界各地的出版商仍不斷登門求見。他也是在所有其他方法都失敗後，轉向「內在的自我」，然後才發現他擁有的豐富金礦。

威斯康辛州的**米羅．C．瓊斯**（Milo C. Jones）面臨癱瘓的打擊，肌肉完全無法動彈。在生病前，他是個只能勉強溫飽的農夫。當不幸降臨，他再也無法在農地上工作。後來因為生活的必需，他轉而尋求「內在的自我」、發現他的想法並開始實踐。他躺在床上，指示家人執行他的想法，這是在他癱瘓後得到的「直覺」。這個想法很簡單，就是種玉米和養豬，然後製做成香腸。他將產品取名為「小豬香腸」。在他過世前的幾年，他總共賺進超過一百萬美元，並且成立一間在全美各地供應食品的公司。

人們總是在歷經痛苦或失敗後，才發現他們的心靈有強大的力量，真是一件奇怪的事。在最絕望的時候，米羅．C．瓊斯發現他心靈的力量，因為他沒有別的辦法，只好利用這股力量。他告訴筆者，在他生病前從來不需要靠思想來滿足他的需要。他以前都是靠著雙手和雙腿，但一天頂多只能帶來幾美元的收入，卻忽略了心靈力量的財富。

詹姆斯．J．希爾（James J. Hill）利用明確的目標打造了大北方鐵路系統，並且大獲成功。他的成功之道完全不靠運氣。遵循系統性的計畫，他從卑微的電報員一路爬升為這間公司的管理者。

清楚知道自己的方向，並以行動證明自己有決心要達到目標的人，人們會讓路給你。這是真實的道理，讀者可以自己嘗試看看，你就會確信。如果你在街上、人群中慢慢行走，表現出一副你不知道自己要去哪裡、無法決定的樣子，再看看人們會不會冒失地將你推開。反之，如果你加快腳步、直視前方、帶著充滿決心的表情，然後看看人們是否很快就讓路給你，任何人群都會讓路給明確知道自己要去哪裡的人。

只要表情和行動展現「明確的目標」，不只是在擁擠的街道上會有人讓路給你，任何從事業務的人都知道，「心態」是銷售的決定性因素。業務員在接近潛在客戶時如果心存懷疑，就會把這樣的心態投射到客戶的身上，客戶會接收到訊息、採取行動、拒絕購買。眾所皆知，保險業務員若能明確知道自己要的是什麼而且決心得到，就能用幾張保單換取數百萬美元。同樣的道理，即使提供的商品既有優點又有價值，缺乏決心和自信的業務員就會空手而回。不論被用在什麼目的、如何使用，明確的目標是一種難以抗拒的力量。

在閱讀**湯瑪士・潘恩**[7]（Thomas Paine）的作品時，我看到一句非常重要的

---

7 譯註：湯瑪士・潘恩，英裔美籍政治家，三十七歲由英國移居北美殖民地，之後參與美國獨立革命運動，成為美國開國元勛之一。他撰寫的手冊《常識》（Common Sense）是美國獨立運動的重要著作之一。

話：「到目前為止，我所得到最實用的知識，都是在我冥想思考之後靈光乍現。」這是對美國獨立革命具有重大影響力的人所證實的。

在和**安德魯．卡內基**一起編纂成功之道時，筆者有幸於馬里蘭州雪維察斯鎮，在著名科學家**艾爾默．**R**．蓋茲**博士（Elmer R. Gates）的指導下，進行為期三年半的研究。在蓋茲博士門下，我發現他取得專利的實用發明，大部分都是透過「明確目標」的原則所得到的。

他的發現（有些很基本）是這樣進行的：在陰暗、有隔音的房間裡，蓋茲博士會坐在桌前專心思考他已知的事實並連結他想要發明的東西，等待他的思想把新的資訊傳送給他，然後他會開燈、寫下他想到的事。美國有些大型企業每小時支付他巨額的費用讓他「坐等」想法找上他，就算他的想法不是公司想要的，公司也會支付他薪資，而這就是他謀生的方法。

這就是偉大的科學家採取的方法：透過專注找到「明確的目標」。

大部分的人終其一生都在追尋能讓他們成功的想法或計畫，卻沒發現成功的祕密就在自己的腦海中，但是千真萬確的！若要利用這無止境的力量，我們只需要掌控自己的心靈並善加利用即可。身在美國，我們無需外求自己沒有的資源，我們擁有其他國家沒有的自由，我們有各種可能的未開發資源，有很棒的教育機構和圖書館，可以索取人類文明以來所有有用的知識。

我們擁有完整的工業體系，我們有權選擇任何一種自己想要的職業，我們的宗教信仰背景提供了無限的力量，並讓人們自由信仰的權利。簡而言之，我們擁有一切，卻沒有明確地了解自己思想的力量。思想的力量是我們最需要的，無須花任何錢，只要努力就可以取用，只可惜有些人並不知道。

現在，讀者的責任就是善用本章的內容！

你能否成功地運用並受惠於本章所說明的原則，可以用九個詞來總結，九個積極、主動、啟迪人心的詞：明確、決定、決心、持續、勇氣、希望、信念、主動和重複。一再重複你的「明確的目標」，執著地想著你的目標。有空的時候就要想著它，每一天都要做一些事讓你更接近目標，不論這件事有多微不足道。光是重複目標還不夠，坐而言不如起而行，除非你不斷地以行動來支持你的目標，否則就算你一輩子都在重複說著你的目標，也沒有用。

即便你手中沒有握有徹底實現目標所需的適當工具、可用的資本或是人脈，無論如何還是要行動，然後你會很驚訝地發現，或許聽起來還有點神奇、難以理解，但是絕佳的工具就掌握在你的手中。

記住，沒有人完全準備好才開始行動，永遠都會有些不足之處，或是時機還沒到。但成功的人不會等待時機成熟了才開始工作，他們隨時隨地都可以開始。當他們遇到彎路自然會轉彎，不在乎路上遭遇的阻礙，他們會將眼光放得很遠。等待一切就緒才開始的人永遠不會成功，因為在計畫一開始時，幾乎沒有人萬事俱備。

迪斯雷利[8]（Disraeli）戰勝意圖打垮他的敵人後，有人問他成功的祕訣是什麼，這位英國最偉大的首相說：「成功的祕訣在於堅持目標。」這句話為本章「明確的目標」提供最好的結尾。

8 譯註：班傑明．迪斯雷利（Benjamin Disraeli），在維多利亞女王時期兩度出任首相，因外交長才以及與工人階級的關係融洽，在當時被本書作者視為偉大的英國首相。

CHAPTER 2

智囊團原則

The MASTER MIND PRINCIPLE

開始閱讀本章前，讀者應該要先知道，「智囊團原則」是任何職業成功之道的基礎。我分析了將近五百名包括商業與工業等領域的傑出美國人，「智囊團原則」是奠定他們成功的基礎。

「智囊團原則」也許是成功之道最重要的一項原則，正如卡內基先生說的，「智囊團」讓我們得以借用別人所受過的教育、得到的經驗和具備的影響力。應用「智囊團原則」讓甚至是沒有接受過小學教育的愛迪生，也能成為美國最偉大的發明家。

亨利・福特利用「智囊團原則」，在全美國和世界各地發展他的工業帝國。安德魯・卡內基說，如果他只能選擇一個成功的原則，把所有成敗全都押注在這一個原則之上，那麼他會選擇「智囊團原則」。

仔細分析許多成功人士的紀錄就會清楚地發現，他們的成就主要是以兩個成功原則為基礎：「智囊團」和「明確的目標」。如果沒有訂立第一章所介紹的「明確的目標」，任何人都很難超越平庸，但是在選擇了目標後，還需要「智囊團」的協助，也就是利用其他人的聰明才智。

在開始卡內基先生的課程前，讀者可以先了解他對「智囊團原則」的分析，他對智囊團的定義如下：「兩人或多人秉持著和諧的精神，協調及合作以實現明確的目標。」

從這個定義來看很明顯，「智囊團」的聯盟包括至少兩個人，和諧地運作以實現某個特定的目標；或者視想要達到的目標規模來決定智囊團的人數。

上述定義特別強調「和諧」，至於原因——當你讀到卡內基先生的話就會明白了。現在我就帶讀者進入鋼鐵大王卡內基的書房，你可以輕鬆地坐著聽他描述是什麼原則造就他的驚人成就。

卡內基：明確的目標是成功之道的第一個原則。第二個原則是智囊團。沒有先決定自己要的是什麼，就無法達到成功，但只是選擇人生的首要目標仍不足以確保成功。若要達到目標，而且不只是平庸的表現，就必須得到其他人的幫助、教育和經驗。

此外，我們也要以和諧的態度與智囊團的成員往來，才能獲得他們才智完整的優勢。許多人因為智囊團中的每位成員無法了解和諧與認同目標的重要性，而錯失成功的機會。

我們可以聚集一群人，雖然表面上看起來這群人很合作，但是真正重要的不是表象，而是團體中每個成員的「心態」。任何聯盟要組成「智囊團」，團體中的每個人，不論是情感或理智都必須與聯盟的目標完全一致，每個人都必須與團隊的領袖以及聯盟的每個成員和諧地相處。

希爾：我想我懂您的意思，卡內基先生，但是我不了解我們該如何確保智囊團中的每一個人會與自己和諧地共事。您可以解釋一下該怎麼做嗎？

卡內基：好的，我可以說明該如何建立並維持和諧的關係。首先，我們做的所有事都有一個明確的動機。每個人都有自己的習慣和動機。我們是因為有動機才開始做事，因為動機和習慣而持續做某件事，也許過了一段個時間後，當初的動機被遺忘了，但讓我們繼續做下去的就是習慣。

這世上只有九種動機會讓人們採取行動。接下來我會一一解釋這些動機，這樣你就會知道人們是如何受到動機的影響，並和諧地與其他人合作。一開始，領導者要選擇具備必要能力的人做智囊團的成員，第二是對特定的動機能秉持著和諧的精神提供協助。

以下就是九大動機，而其中幾項的結合，就是我們做任何事情背後的「動力」：

一、愛（人們心靈的入口）

二、性慾（純粹的生理需求，但如果轉換得當，也可以是讓人採取行動的強大激勵）

三、對經濟利益的渴望

四、自我保護的渴望

五、人身自由與思想自由的渴望

六、表達自我以獲得名譽、認同的渴望

七、對死後留名的渴望

八、憤怒，通常會以羨慕或嫉妒的形式表現

九、恐懼

（最後兩個是負面動機，但也是激勵人採取行動的強大動機。）

這就是激勵所有人的九大動機！

若要成功地維繫智囊團聯盟，組織聯盟的領導者必須仰賴其中一個或多個基本的動機，以促使團體中的每個成員和諧地合作以實現成功。

在商業結盟中，男性最積極回應的兩個動力就是性和經濟利益。大部分的男性追求經濟利益甚於其他，但是他們想要錢的主要目的，是為了追求心儀的女性。因此，他有三重動機：愛情、性慾和經濟利益。

但是有一種人，比起物質或經濟利益，獲得認同更能讓他努力工作。在實現具有高度建設性的目標時，自尊心可以成為非常強大的工具，以這種情況來說，只要有自制力就能確保團隊的和諧。

希爾：卡內基先生，聽起來，成功建立起智囊團的人一定很了解人性。請問您是如何成功地選擇智囊團的成員？您有識人之明？還是反覆試驗過後，換掉那些後來證實無法實現目標的人？

卡內基：沒有人能慧眼識英雄到一眼就找對人。的確有一些表象的指標可以顯示一個人的能力，但是有一項特質比別的都來得重要，在挑選智囊團成員時是決定性的因素，不過很可惜，這不是表面上就看得出來的特質，那就是他對於自己和同事的「心態」。如果他的態度消極、傾向自私、自大或是喜歡挑釁別人，這個人就不適合加入智囊團。

此外，如果這樣的人仍留在智囊團中，他對其他成員可能會造成阻礙，結果令智囊團變得毫無用處。

幾年前我們的智囊團發生一件事，就是很好的說明。當時因為我們的首席化學家過世了，我們必須找人來替補他的空缺。我們試著讓他的助理來接任，但他缺乏這個工作所需的經驗，所以我們得找個較年長、經驗較豐富的人。最後我們終於在歐洲找到這樣的人，他的資歷顯示他就是我們要找的人，但在我們詳談時才發現他不想離開歐洲。為了爭取他的加入，我們必須提供他比原本的首席化學家更高的薪酬，也就是讓他回應的動機。除此之外，他還要求五年的合約。

我們同意他的要求也安排他開始工作，卻很快地發現他是個固執、脾氣差的人，他無法也不願意和諧地與我們的員工合作。我們試著讓他改變態度，但是都失敗了。結果，在他加入六個月後，很明顯地我們必須辭退他，所以我們支付他五年的全薪，就讓他回老家了。這次的經驗讓我們付出很高的代價，但是他在我們的智囊團中扮演破壞性的力量，如果我們留住他五年，就得付出更高的代價。

於是，接任的首席化學家有一年的試用期，而且在雇用時就已清楚告知，和諧是我們的組織最看重的事。眾所皆知，如果一個位居要職的人抱持負面心態，他會影響整個組織，所以，如果改變他的心態會令他不高興，那他就無法勝任這個職務。

愛默生寫過一句非常有見地的話：「每個大型機構都是一個人被拉長的身影。」[9]成功的人會特別留意他所投射的「被拉長的身影」。我則略為修改愛默生的話，我認為每一間公司都是經理人被拉長的身影，因為以今日的大型企業來說，像是美國鋼鐵公司（United States Steel Corporation）這麼龐大的工業公司，不可能由一個人影響整間公司。應該說這間公司是智囊團的龐大身影，才是比較正確的說法。以這間公司來說，智囊團是二十幾個人秉著和諧的精神合作以實現明確的目標。

我們智囊團中的一些成員是從員工拔擢上來的，因為他們展現了自己的能力；有些人則是從外部經過反覆試用挑選出來的。從外部挑選的智囊團成員，都是因為他們在別的領域或工作上展現了過人的能力，他們的傑出成就足以吸引我們的注意。智囊團中還有一些人是從最基層做起，而且在這個產業的不同部門一路向上升遷，這些人知道和諧與合作的價值，這正是他們升上重要職位的祕密。

不管具備什麼能力，如果能以正確的心態和同事相處，這樣的人不論從事什麼職業通常都身居要職。效率再加上對的心態就能大大加分。我希望你在介紹成功之道時能強調這一點。

希爾：組織智囊團的人呢？這個人是否也必須精通他所從事的領域，才能成功地管理這個領域中的其他人呢？

卡內基：我對這個問題最好的回答就是，我個人對鋼鐵的製造和行銷所知甚少，而且我也沒有必要了解，而這正是需要「智囊團」發揮作用的時候。我身旁有超過二十個人，他們所受的教育、經歷和能力都直接幫助我在有關鋼鐵製造和行銷上的所有事務，我的工作就是持續激勵這些人使他們想要把工作做到最好。

我激勵他們的方法很簡單，就是透過五個基本動機，尤其是對經濟利益的渴望。我制訂的薪酬制度讓智囊團的每個成員都能決定他自己的報酬，但是當超過薪酬上限時，他就必須提出明確的證據顯示他值得，然後才能得到他要求的薪酬。

---

9 譯註：原句為「每個大型機構都是一個人被拉長的身影，他的性格決定組織的性格。」(Every great institution is the lengthened shadow of a single man. His character determines the character of the organization.)

這個制度鼓勵個人進取心、想像力和熱忱，並導向持續的發展與成長。根據這個制度，我曾支付查爾斯・舒瓦伯（Charles Schwab）等人比他們的年薪上限再多出一百萬美元的報酬。就是這個制度激勵舒瓦伯採取積極的行動，使他成為美國鋼鐵公司重要的推手。除了進取心，他也發展出卓越的領導能力。

我人生的主要目標不只是累積財富，而是幫助人們成長與發展。我所擁有的財富，是我投入幫助人們成長與發展而自然得到的報酬。

我知道有些人指控我貪婪，但這些人根本不知道我的目標是什麼。最好的證明就是，我以很快的速度，同時不會對別人造成傷害，而且我有很大一部分的財富是來自我在幫助人們成長時所得到的知識。現在我正透過你向世人介紹成功之道這個實用的知識。這是唯一可以公平且永久分布財富的方式，因為思想才是真正的財富，它能吸引所有實質的東西。

希爾：卡內基先生，您認為所有值得注意的成就，都是了解和應用「智囊團原則」的結果，有沒有例外的情況呢？有沒有人不需要靠智囊團，就成為偉大的藝術家或是偉大的牧師，或成功的業務員呢？

卡內基：這個問題的答案是：沒有！你也許可以不直接應用「智囊團原則」就能成為藝術家、牧師或業務員，但是在這些工作領域中，缺乏智囊團原則的協助就不可能擁有偉大的成就。智慧的神有祂的安排，沒有任何一個人的心智能力是完整的。真正的心靈富足來自於至少兩人和諧地結合其思想、朝向實現一個明確的目標努力。

舉例來說，讓這個自由國家誕生的「智囊團」，就是和諧地聯合成一致的想法並簽署《獨立宣言》的五十六個人。我們現在知道，這個智囊團背後的主要目標就是決定自己命運的美國精神，其中一部分就是美國工業發展的動力。

不論一個人有多偉大，都無法靠一己之力給予這個國家願景、進取心、自立能力。

有些產業是一人產業、有些公司是一人公司，但這些都不是大產業或公司。有一些人從來不需要以和諧的精神與他人結盟，但是他們都不是偉大的人，他們的成就都有限。

記住，你現在被賦予責任要將成功之道完整的傳遞給世人，你必須將擺脫平庸的因素也納入成功之道中。這些因素中最重要的就是了解一件事：將自己的心智能力結合他人的心智能力所能帶來的力量，能讓你獲得來自無形力量的所有優勢。這是只靠一個人永遠也辦不到的。

我們生活在一個偉大的國家。這個國家之所以偉大，是因為結合許多人心智能力所帶來的力量與願景，在我們的政府體制下和諧地合作，讓工業、銀行業、農業和各領域的私人企業有堅實的基礎。我們的政府體制就是「智囊團原則」的絕佳範例：州政府和聯邦政府單位和諧地合作。在這個友善的聯盟下，我們實現的成長與繁榮是人類文明史上絕無僅有的。企業之所以能成功，是因為領導者讓公司的經理人也建立起友善的聯盟。

過來窗邊看看，外頭的鐵路調度站就是運輸業「智囊團」運作很好的實例。你看到外面有一班貨運列車正在準備出發，火車將由一組和諧運作的人員控制。列車長是團隊的領導者，他只有一個方法能夠將火車開到目的地，那就是其他成員認同並尊敬他的權威，並且和諧地執行他的指示。如果工程師忽略或拒絕遵守列車長的指示，你認為會發生什麼事？

希爾：可能會發生事故，整班列車的人員都可能會喪命。

卡內基：一點也沒錯！成功經營一間公司需要應用對火車駕駛來說非常重要的「智囊團原則」。如果公司的經營者彼此之間不和諧，那公司就離破產不遠了，你了解我的意思嗎？我希望你明白這是所有領域成功之道的核心。

希爾：我了解「智囊團原則」了，卡內基先生。但是我沒想到這會是您在鋼鐵業締造卓越成就唯一的原因，同時也是您龐大財富的基礎。

卡內基：哦，不！這不是我成就的唯一原因。還有其他原因幫助我累積財富、打造龐大的鋼鐵產業，但重要性都不如「智囊團原則」。僅次於「智囊團」的原則就是「明確的目標」。這兩個原則加在一起，才能創造世人所說的成功的產業，只運用其中一個原則是無法帶來成功的。

看看外面貨運調度場旁邊的那些流浪漢，他們既沒有明確的目標也沒有智囊團，他們沒有目標、不互相合作，流浪街頭，過著貧窮的日子。但如果他們願意集思廣益、選定一個明確的目標，採用明確的計畫來執行這個目標，他們也可以成為貨運列車的工作人員。現在你懂我的意思了嗎？

希爾：我懂，先生。但是為什麼他們從沒學過您向我說明的成功之道呢？為什麼他們沒有像您一樣發現智囊團的力量呢？

卡內基：「智囊團原則」不是我發現的，我是從《聖經》裡借用來的。

希爾：您是說《聖經》？我不知道《聖經》也教導實用的成功之道。您是從

《聖經》的哪一部分發現到「智囊團原則」？

卡內基：我在〈新約〉的〈基督和十二門徒〉裡看到的。你一定記得這個故事。就我所知，耶穌是史上第一個明確利用「智囊團原則」的人。你回想耶穌不凡的力量，還有祂的門徒在祂被釘上十字架後的力量。我認為，基督的力量來自於祂和神的關係，而祂的門徒的力量則是來自他們與祂和諧的聯盟關係。祂對追隨者說他們可以做更偉大的事，因為祂發現兩人以上的群體，只要秉著和諧的精神並結合他們的心智能力，再加上明確的目標，就能讓人接觸到神的普世精神，我相信這是偉大的真理。

請你特別注意，當猶大背叛基督的時候，這種和諧的關係中斷，使得主面臨重大的威脅：失去祂的性命。換句話說，我認為經營公司或管理家庭的智囊團，一旦成員和諧的關係被破壞，不論原因為何，**毀滅就不遠了！**

希爾：「智囊團原則」的實用價值能應用於商業以外的關係嗎，卡內基先生？

卡內基：當然可以！這個原則可以實際應用於任何需要合作的人際關係。舉例來說，當一家之主和妻子與家中的其他成員上下一心、合作思考，為了全家的共同利益合作，這個家庭會發生什麼事？你會看到幸福、滿足和財務安全。如果不願意和諧的合作，就會吸引貧窮和悲慘。

有句話說，「妻子能決定丈夫的成敗！」

這是真的，讓我來告訴你原因。男人和女人因婚姻而結合，只要他們的結合充滿了愛、體諒、目標一致與徹底的和諧，就是創造出目前已知最完美的「智囊團」。證據在於，你可以發現從古至今，所有成就卓越的男人，生命中都有一個女人做為他的主要動力。但是如果夫妻之間有誤會和爭吵，他就無法善用心靈的力量。

妻子之所以是丈夫成敗的關鍵，是因為兩人的心靈因為婚姻緊密地結合，所以她的優點就成了他的優點，她的缺點也就成了他的缺點。

如果妻子能認同並以和諧的精神，用自己的心靈來強化丈夫的心靈力量，這個男人就有福了。這樣的妻子絕對不會「毀了」任何男人，而是能幫助他實現更高的成就。

希爾：如果我的理解沒錯，卡內基先生，恰當的應用「智囊團原則」能讓人受惠於別人所受的教育和經歷，但不只如此，它還能幫助我們接觸並利用心靈的力量。您是這個意思嗎？

卡內基：這正是我的意思。一位偉大的心理學家曾說過，兩個思想的結合一定會因此產生出第三個無形的思想，而且比這兩個人更強大。第三個思想究竟是能幫助他們或是阻礙他們，完全要視他們兩人的心態而定。如果兩人的心態和諧、能認同並且合作，那麼他們的結合產生的第三個思想也許能使兩人受惠。如果其中一人或是兩人的思想產生敵對或有衝突、不友善，那麼他們所產生的第三個思想只會對兩人造成傷害。

你要知道，「智囊團原則」不是人類發明的，這是大自然法則的一部分，正如萬有引力讓星球維持在它們的位置一樣，是不可改變的，在任何階段都是明確不變的。我們雖然無法影響這種法則，但不論我們的身分或是職業為何，都可以理解並運用它，為我們帶來好處。

我認識兩個身障者發現了實際運用「智囊團」的方法。其中一個人是視障者，另一人則是雙腿無法行動的肢障者。有一天這兩個人相遇並開始訴說自己的不便之處。視障者說，對他而言走路很不容易，因為人們會踩到他的腳趾，汽車會從他身邊呼嘯而過。而肢障者則是：「那根本不算什麼，我看得見汽車，但是沒辦法及時躲開。」這時視障者坐直身子、臉上露出笑容說他有個主意，將使他們兩人都能受惠。他說：「我的雙腿健全，而你的視力清楚，你爬到我的背上，你用眼睛我用腿，我們就可以更快、更安全地行動了。」

If called upon to state your major purpose in life,
in one sentence, what would your answer be?

如果請你用一句話說明人生的首要目標，
你會怎麼回答？

某種程度上來說，我們每個人都有些盲目（看不清）或行動受限，需要別人某種程度的配合。以視障者來說，他只需要利用別人的眼睛就行了。以我經營的事業來說，我需要很多擅長鋼鐵製造和行銷需求的人。以你來說，你要蒐集所有成功和失敗的原因，以編寫一部全新、實用的成功之道，你需要與上百個在各自領域成功的人合作，還有上千個嘗試過並失敗的人來幫忙你。

因為這個工作的本質複雜，你將需要理解並運用「智囊團原則」很長一段時間。沒有這個原則的幫助，你就無法完成工作，因為**沒有一個人能告訴你成功和失敗的所有主因**。

希爾：卡內基先生，根據您對「智囊團原則」的分析，我有種感覺，早年未受過良好教育的人不需要因此侷限自己的抱負，他們可以利用其他人所受過的教育。而且我也覺得，沒有一個人受過夠多的教育，讓他可以不靠別人的才智就能實現令人矚目的成功。這樣說對嗎？

卡內基：這兩句話都說對了。教育程度不高不是失敗的藉口，而受過良好的教育也不是成功的保證。有人曾說，知識就是力量，但是他只說對了一半，因為知識只是潛在的力量。**唯有將知識加以組織並化為明確的行動，才有可能成為力量！**

很多年輕人大學一畢業就以為他們的學術知識足以保證找到好工作，他們這麼想就是害了自己。擁有大量的知識和受過教育，兩者有很大的不同。如果你去查「教育」（educate）的拉丁字根，就會發現差異很明顯。「教育」源自於拉丁文educare，意思是擷取、從中發展、透過運用而成長。**「教育」並不表示獲得和儲存知識！**

成功就是有能力取得自己想要的，而不侵犯別人的權利。請注意，我說的是「能力」！知識不是力量，**利用別人的知識和經驗以實現明確的目標才是力量**。此外，這也是最有利的一種力量。

為了善用別人的心智能力而應用「智囊團原則」的人，通常是從完全掌控自己心靈的力量開始！我要強調擺脫自我侷限的重要性，大部分的人都會在心中侷限自己。

美國這樣的國家有各種財富，每個人都能自由選擇職業、自由的生活。沒有人有理由為自己的成就設限，如果物質環境不如自己的需要或預期，也不必屈就。

在這個國家，個人的進取心、想像力和明確的目標都有很高的價值，而且很容易就能取得實現成功所需要的東西，這一點也很有幫助。在這裡，就算一個人生於貧窮的環境，卻未必要一輩子窮困潦倒。一個人就算是不識字，也未必一輩子只能當文盲。但是不論是在這個國家或其他地方，當一個人忽視或拒絕掌控自己的心智能力並用於自我提升，再多的機會也無法幫助他。

我要再次強調，如果不運用「智囊團原則」，將自己和他人的心智能力結合以實現明確的目標，就無法完全掌控自己的心智能力。

希爾：既然是您要我提供世人實用的成功之道，請您提供一個完整的步驟，教人們如何組織智囊團呢？我不太清楚這個程序，對於從沒使用過「智囊團原則」的人來說應該就更不清楚了。

卡內基：每一個情況採取的步驟略有不同，這端視組織「智囊團」的人的教育背景、經驗、性格、心態以及他組織「智囊團」的原因而定，但是有一些基本概念可以遵循，其中最重要的如下：

一、**明確的目標**。所有成就的起點都是明確地知道自己想要什麼。根據這一點，我們應該遵守第一章所列出的公式，並且徹底執行這些指示的所有細節。

二、**選擇「智囊團」的成員**。我們選擇加入「智囊團」中的人，應該要完全認同這個聯盟的目標，對於實現目標要能有明確的貢獻。貢獻的方式包括他的教育背景、經歷，或是在很多情況下，有些人貢獻的是他的人際關係，也就是一般所知的「人脈」。許多銀行和企業高薪禮聘「智囊團」成員，他們對公司最重要的用處，就是提供他們的**聲譽和對群眾的影響力**而已。

三、**動機**。沒有人有權利也很少有人有能力讓別人加入「智囊團」，而不必回報對方提供的服務。這個動機也許是財務的回報或是人情，但一定是和他所提供的服務等值或價值更高的東西。就如我說過的，在我自己的智囊團中，一些成員全力、和諧地配合的動機就是財務回報。我幫助智囊團中一些成員賺到的錢（他們也有能力賺到這些錢），遠比他們自己不依靠我所賺到的錢還要多。

我相信我這麼說並不誇張，我的智囊團中每一位成員和我結盟，遠比只靠自己還要更務實而且獲利更多。

我強調一點：設法建立「智囊團」卻未確定每位成員的獲利應相當於他對聯盟的價值，肯定會失敗。

四、**和諧**。如果要確保成功，智囊團的所有成員必須和諧相處。團體中不能有人做出不忠誠的事、「背著大家行事」。聯盟中所有人的個人意見、想要成功的慾望，都不能凌駕於整個團體的完整利益，而且只想能著團體的成功。

所以在選擇「智囊團」的成員時，首要考量應該是：這個人是否願意為團體而努力。一旦發現有人無法這麼做時，就必須找個願意這麼做的人取而代之，**這一點絕對不能妥協**。這一點通常就會令一些親戚和朋友自動被排除，因為很遺憾的——他們無論如何也無法放下自尊。

五、**行動**。「智囊團」一旦組成，就必須持續運作才能有效率。團體必須有一個明確的計畫、在明確的時間點、朝向明確的目標邁進。如果猶豫不決、不作為或是因循怠惰，智囊團就沒有用處了。此外，有一句話說，要讓騾子不要亂踢，最好的方式就是讓牠忙著拉車，那牠就沒有時間也沒有心思亂踢了。

人也一樣。我看過有些業務組織逐漸枯萎，因為組織的負責人允許他們想來就來、想走就走，沒有給他們設立明確的業務目標。缺乏明確的預算和時間計畫，對佣金制的業務員來說是最大之惡，例如壽險業務員。

任何工作要成功，需要明確、組織良好且持續的**工作**！沒有什麼東西可以取代**工作**！這世上沒有人有聰明的腦袋，卻可以在不工作的情況下實現卓越的成就。

六、**領導統御**。別以為只要選擇了一群人，同意以和諧的態度一起努力實現明確的目標，就足以確保他們的努力會成功。團體的領袖必須領導眾人。就工作來說，領導者必須是最早上班、最晚下班的人；此外，他應該對同事以身作則，自己做的工作要和同事一樣多，甚至更多。

最好的「老闆」是使自己成為不可或缺的人，而不是在決策時或是制訂計畫時，負責做最後決定的人。每一個領導者的座右銘應該是「能者多勞」！

七、**心態**。和所有其他人際關係一樣，在判斷智囊團中的某個人能否和其他人合作時，有一項因素比任何其他因素都來得重要，那就是這個人的「心態」。我可以誠實地說，我總是希望智囊團中的每一個人，都能從我們的結盟中獲得最大的個人利益；我總是盡我所能，試著讓團體中的每個人都實現他們最大的潛力。

我相信也就是這樣的態度，讓查爾斯・舒瓦伯等人得以發光發熱的最主要因素。他們一年賺到的報酬比他們的固定薪資還要高出一百萬美元。我大可以不必為舒瓦伯等人傑出的成就支付這麼高的獎金，但這樣的話我就無法得到最棒的服務，**因為他們就沒有提供服務的動機了**。

世上最美、最啟迪人心的景致，就是一群人以完美和諧的精神通力合作，人人都只為團體的利益著想。

就是這樣的精神，讓喬治・華盛頓（George Washington）麾下衣衫襤褸、飲食匱乏、穿著單薄的軍隊，力抗設備較精良的軍人。他們是為了共同的大業而戰，而不是為了個人的晉升。只要雇主和員工能秉著互助的精神一起工作，就是個成功的組織。

運動員訓練的主要優勢之一，就是教導人們以和諧的精神團隊合作。很可惜人們在離開學校後，往往沒有帶著團隊合作的精神進入職場。我常常希望能將鋼鐵廠裡所有的員工組織成一個龐大的兩組團隊，並且每天讓他們進行一小時某種運動的友誼賽，以激發他們的團隊合作精神。這麼做將有助於克服偏狹、嫉妒和自私自利，並從不同的方面改善他們，使他們對公司更有價值、對他們自己不論是工作或工作之外也都更有價值。一個有運動家精神的人，會活得比較輕鬆。

所以，根據「智囊團原則」，讓運動家精神成為所有事業的要素，並且從組織團隊的人開始以身作則，讓其他人效法他的精神。

八、**保密關係**。智囊團中的人際關係，是一種保密的關係。聯盟的目標絕對不能和外人討論，除非目標是執行公共服務。有些人很喜歡阻礙別人實現目標。如果他們不知道智囊團的目標，造成的傷害就有限。如果想讓別人知道你想要做的事，最好的方式就是讓他們看到成果。公開宣傳、新聞稿公告等方式有時具有很高的價值，但如果揭露了還沒實現的計畫，則可能造成很大的傷害。

我聽說過，所有的偉人——每個世代的偉人都不多——心中都有一些目的或目標只有他自己和神才知道。就算你不打算成為偉人也要記住這句話，因為可能對你會有很大的幫助，先不要宣布你尚未實現的目標和計畫。

說「我實現了我的目標」的滿足感要比說「我想要做這個和做那個——只要我辨得到的話」好得太多了。談論已實現的目標比談論未實現的目標，感覺要好多了。

驚人的是，有些人因為喜歡自我表現，只要有人願意聽，他什麼事都做得出來，就這樣將公司重要的商業機密洩露給別人——有些員工會揭露雇主的重要商業機密。表達自我的慾望是促使人採取行動的九大基本動機之一，但是如果不小心就會成為一種危險的習慣。最聰明的人通常會以提問的方式來表達自我，而非回答別人的問題。這是能滿足表達自我的慾望而不傷害自己最好的方式。

希爾：卡內基先生，可以請您描述一下，您認為美國最重要的「智囊團」聯盟是什麼嗎？並說明一下這個聯盟是如何運作的。

卡內基：全世界最重要的「智囊團」聯盟，就是美國各州之間的結盟。這樣的聯盟產生我們美國人引以為傲的自由。**「自願結盟」產生這個聯盟的力量，而且秉持著和諧的精神，獲得人民的支持**。各州之間的聯盟創造更多機會讓人們展現抱負，機會比起世界上任何地方還要多。此外，這麼做也創造了必要的權力以保護人民和制度，以對抗嫉妒我們或想要干擾我們所享有權利的勢力。

我們整個體制的設計與維持（包括政體、工業規畫、銀行機構和壽險制度）都在於支持私人企業以及鼓勵個人積極進取。這是全世界最偉大的制度，它的設計和維護是以這九大基本動機為基礎，提供最簡單也最好的媒介。

美國的「智囊團原則」具有彈性且民主，可以按照意願進行修改、變更或加以改善，以符合時代變化的需求。這是個可靠的模式，想要採用「智囊團原則」的個人或企業可以得到安全的指引。當「智囊團聯盟」變得無法滿足我們任何一方面的需要時，組織智囊團的人，就可以透過投票修憲這個簡單的程序來改善它。

Be careful what you set your heart upon, for you may live to see yourself in possession of it.

許願需謹慎，夢想會成真。

如果所有的雇主和員工都能以「智囊團」的運作方式彼此認同，就不會發生嚴重的誤解。此外，雇主和員工都會因為通力合作而得到更多的好處。

雇主與員工之間應該是民主關係，正如美國各州之間的關係也是以純粹的民主為基礎。

我國「智囊團聯盟」的運作原則很簡單，就是三權分立，也就是行政、司法和立法權，三者秉持著和諧的精神運作，直接回應人民的需求。聯邦政府制度用於個別州的管理，以及各州聯盟的管理。制度可以按照人民的意願改變，而執行這個制度的公僕，也可以在極罕見的例外情況下，接獲臨時通知就立即去職。

目前為止人際關係的制度中還沒有比這個更好的，我想短期內也不會找到更好的制度。也許永遠也找不到比我們更好的制度——也沒有必要——只要我們以建國先賢原本的意圖管理現行的制度，就是所有人的最大利益，沒有人享有特權。

希爾：您認為還可以做些什麼事，讓美國現在的政體改善得更好嗎？

卡內基：我想不到這個政體有什麼需要改善的，但我可以提出一個改善施政的方法，就是通過一條法律，規定所有合格的選民都要在區域和全國性選舉中投票，沒有投票的人將面臨高額罰金。

因為我認為，如果人們不投票，我們的政府就無法有效地為人民服務。

我已經可以想像因為人民不在乎用選票選出可靠的人，結果公職人員瀆職。疏忽投票會讓不誠實的人有機會執政，在紐約和芝加哥等地，因為人民對投票不感興趣，對身為公民也不感到自豪，使得一些不誠實的人掌握政權。

我還想到另一個公職人員選舉可以改善之處，就是適度地公開所有公職候選人的個人紀錄，選民才可以判斷候選人是否適合。

以我們目前的制度，選民看到的候選人資訊只是候選人公布自己或競選對手的資訊，但是這種資訊在**大部分的情況下根本不可靠**。第三個可以幫助民眾更聰明地選擇候選人的方式就訓練課程，民眾在公立學校接受教育，以學習如何選擇最適合擔任公僕的人。

事業有成的商人不會在缺乏調查求職者的紀錄下，就雇用對方擔任重要的職務。他們會調查要雇用的人是否有能力勝任，也會調查他的人品。公職候選人也應該接受這樣的調查。

希爾：您簡單地提到如何應用「智囊團原則」經營家庭關係，卡內基先生。可以請您深入談談這個主題並解釋如何應用於家庭嗎？

卡內基：我很高興你想到這一點，我的經驗告訴我，一個人的家庭關係對他的事業或工作成就有很大的影響。我要你記住一點，我針對這個主題所說的話是一個整體的概念，並非適用於所有情況的指南。

男人與女人透過婚姻而結合，所創造的關係會深入兩人的心靈深處。因此，所有人類的聯盟中，婚姻關係最適合應用「智囊團原則」。

一如所有其他人際關係，我們可以預先採取一些措施以確保在婚姻關係中順利地應用「智囊團原則」。比較重要的措施如下：

一、**選擇對象**。婚姻要成功，首先要聰明地選擇對象。我先解釋聰明地選擇是什麼意思。首先，因為通常是由男性做選擇（或至少男人自認為是這樣），男性應該透過和女性進行一些坦率和親密的談話來考驗對方，內容至少要包括婚姻關係的一些基本事項。

男性應該告訴女性，他打算從事什麼工作以及打算怎麼做，並確定對方完全支持他的決定。男性在追求女性時，談情說愛、浪漫情懷還有討論人生中美好的一面都是好事，但男性不應該忘記，婚姻還有非常實際、平凡的一面，一旦蜜月期過去，這些問題就會開始浮現。所以，男人應該在現實還沒來臨前，就理性地預期婚姻務實的一面，並和他想共度一生的女人達成共識。

如果妻子完全接受丈夫的謀生方式，而且是充滿熱情的，那麼對男性將是莫大的幫助。否則，妻子至少要毫不保留地認同丈夫的工作，這對婚姻關係來說是非常重要的基礎。

許多夫妻無法在這個重要的議題上達成共識，使得婚姻失去了應用「智囊團原則」的機會。如果妻子不在乎丈夫的收入來源，反而對橋牌很感興趣，那這個男人就會去找別人組織「智囊團」。有時候確實是如此。**所以，女性身為妻子要切記！**一個聰明的女人會接受這個建議，並運用想像力貫徹智囊團原則。

我觀察過不少夫妻從事同樣的工作或經營一門生意，合作實現共同的目標。我很佩服他們在工作上的密切合作使他們的社交關係更緊密，所以兩人都沒有多餘的時間去找另一半不感興趣的人或事。

夫妻對收入來源有共同的興趣還能創造一個很重要的優勢，那就是他們都會了解家庭及個人的支出。如果妻子非常清楚丈夫的工作以及賺多少錢，作為一個忠誠的伴侶，她就會很樂意調整家庭和個人的支出以配合他的收入。我知道一些婚姻不幸福的夫妻，是因為妻子提出丈夫無法配合的財務要求，我也認識不少男人被迫採取不正當的手段以滿足揮霍成性的妻子。

我剛才說的都是單身男子該注意的事。有些人會問：「那已婚男士又如何？如果妻子對丈夫的工作沒有興趣，或是和丈夫完全沒有共同的興趣，該怎麼辦？有補救的辦法嗎？」

是的，大多數這種問題有一個補救的辦法，就是丈夫要制訂一個計畫設法讓妻子產生興趣，以確保兩人更緊密地合作。只有少數的婚姻不需要經常制訂新的、更好的計畫，以確保夫妻和孩子的最大利益。

成功的婚姻需要雙方持續的注意，透過仔細規劃的關係，避免誤會影響全家人。夫妻最好能每周至少安排一次一小時的機密「智囊團」會議，在會議時雙方能了解在家中或在家庭之外所有重要的事情。公司管理者之間持續的聯絡，對維持和諧及合作非常重要。對夫妻的關係也同樣重要。

美國海軍遵守的一項規定也很適用於每個家庭。那就是，不論有沒有事都要通報，海軍艦隊每一艘船艦必須每小時與旗艦艦艇通訊一次。聯絡非常重要！家庭的維繫和美國海軍的運作一樣重要。如果認為家庭關係是理所當然，夫妻之間沒有共識，雙方就會開始對彼此失去興趣。

如果沒有精心計畫，就無法成功地應用「智囊團原則」。偶爾討論家事還不夠，還必須為「家庭智囊團」特地安排一個時段，而且夫妻雙方都必須像管理公司的商人運用智囊團原則一樣，有禮貌、有明確的目標和形式。

如果婚姻中的雙方能聽從這個建議來經營婚姻，他們就是有福的，因為他們會找到使婚姻美滿的方式，這是只靠外表和性的吸引力無法達到的。

好的婚姻關係必須要雙方能理解家庭的收入來源，並且以此協調合作。夫妻雙方必須能平等地使用這筆收入。如果妻子必須在丈夫入睡後偷偷摸摸拿走他口袋裡的錢才能買她要的東西，這個丈夫永遠無法得到妻子的尊重，這樣的妻子也不會是丈夫的「智囊團」盟友。

夫妻應該要有共同的興趣和所有物品的共同所有權！如果丈夫相信他可以自己處理所有事而不必完全信任妻子，他的家庭就不可能運用「智囊團原則」。當然，有時候是因為妻子對丈夫的事完全沒有興趣，或妻子的性格易怒，迫使丈夫只能信任自己。在這種情況下，唯一的解決之道就是找回令雙方決定走入婚姻的共同興趣。要注意的是，如果拖延或疏忽太久，要重燃興趣就會很困難。

希爾：您這麼說似乎是認為，未來還是和以前一樣有很多的機會，是嗎？

卡內基：這麼說並不精確！未來美國所擁有的機會將是前所未見。美國將成為世界的工業中心。鋼鐵業的發展將創造數十種其他相關的產業，傢俱和家用設備將是鋼鐵製品，鋼鐵將會取代木材應用在上千種產品中。

鋼鐵能建造的摩天大樓將是人類史上前所未見，並取代木材成為住宅的建材；鋼鐵將橫跨最寬的河流，打造出既安全又牢固的橋樑；鋼鐵將取代馬車，打造高速的汽車。而且請記住，光是汽車這個產業，就能為成千上萬有遠見的人創造機會。

而且別忘了，美式生活的所有進步都將透過工業和金融業的人們組成的「智囊團」來實現。未來需要數十億美元的資本，這筆錢將來自美國人民的儲蓄，而且我可以誠實地說，「美國智囊團」將是由數百萬人的才智和資金所組成，這就是最純粹的民主！這樣的民主會協調整合人民的知識、精神和財務，為美國發展上千種不同的機會。

只要人們都能普遍接受這一點，我們就不會再聽到人們抱怨「華爾街資本家」和「掠奪性的利益」。真正的資本家，是將儲蓄投資在大型工業公司的人。

希爾：您所描述的美國機會，既充滿戲劇性又令人興奮，卡內基先生。我從未聽過有人用「五基石」來分析美國精神，也從沒想過這些基石將會為美國創造機會。但我現在知道了。您能不能再分析一下，「智囊團原則」如何應用於一般人身上？如果可以的話，請描述一下個人可以用什麼樣的方式，在日常工作中得到機會。

卡內基：我正要討論這一點，以做為「智囊團」這一章的結尾。但是，正如我已經說過的，我們必須先知道美國憑什麼成為世界上最富有、最自由的國家，然後才能運用這些自由和財富。就像所有其他權利和特權一樣，美國人民能享有這些權利，背後必有強大的力量在支撐著。

權利不會從地上憑空冒出來，必須有人創造並維持！打造美國政體的先賢利用他們的遠見和智慧，為全體美國人的自由和財富打下基礎。但是他們只打下基礎，所有享受自由和財富的人都有責任和義務維持這些權利。

我剛才已經說明「智囊團原則」最重要的人際關係：婚姻關係。「智囊團原則」可以被用於發展各種人際關係，進而有助於實現人生的主要目標，現在，我要分析其他可以應用這個偉大普世原則的關係。我希望每個讀者都要知道，只有通過一連串的步驟才能實現我們的主要目標（人生的最高目標），而且，我們的每個想法、每一筆交易、每個計畫，以及我們犯的每一個錯誤，對我們實現目標的能力都有重大的影響。

只是選擇了明確的目標，即使是白紙黑色寫了下來、深刻印在腦海裡，也不能確保能成功實現目標。有了目標，還要持續努力實現，而最重要的就是維持和他人的關係。謹記這一點就不難了解，為什麼我們必須小心謹慎地選擇交友對象，尤其是每天都會密切往來的對象。

已有明確目標的人，在向目標發展時必須培養、組織和善用下列幾種情況下的人際關係：

工作：除了婚姻之外，沒有其他人際關係會比日常工作中和同事之間的關係更重要。人們會傾向（而且所有人都會這樣）受到每天一起工作的同事中，最直言不諱者的習性、心態、生活哲學、政治觀點、經濟傾向和其他特質所影響。而且可怕的是，口無遮攔的人通常不會是思想縝密的人，通常也是人品最差的人。

心直口快的人通常都沒有明確的目標，所以他們會投入心力貶低有目標的人。正直、目標明確的人，通常會有智慧地保守自己的觀點，而且幾乎不會浪費時間在打擊別人。他們忙著實現自己的目標，沒有時間浪費在對自己沒有用的人事物上。

目標明確的人會知道，幾乎在任何日常工作的團體中會遇到一些人，他們的影響力和合作會對自己有幫助，那麼他會很有智慧地只和能互惠互利的人密切往來。並且有技巧地避開其他人！

當然，他會和人品、知識和歷練都比自己更好的人成為親密的盟友，當然，他也不會忽略那些地位比他高的人，並**將目標放在超越他們！**記住亞伯拉罕・林肯（Abraham Lincoln）曾說過：「我會研究並準備好，有一天我的機會終將到來。」

Definiteness of Purpose, if backed by the will to win,

is a road map to success.

明確的目標加上勝利的意志，就是通往成功的地圖。

目標明確的人不會嫉妒比他優秀的人，反之，他會研究並善用他們的知識。讀者可以寫下這句預言：浪費時間在找老闆缺點的人，等他自己當了老闆後，也不會是好老闆。

最好的軍人是能夠聽命並執行上級長官命令的人，達不到目標的人永遠無法成為好將領，同樣的道理亦適用於私人工作。如果一個人無法秉持和諧的精神效法上級，那麼他永遠也無法從工作關係中受惠。我的組織中從低階層拔擢了至少二十個人，他們也累積了數不盡的財富。雖然他們很清楚我有許多缺點，但他們並不是靠著挑剔我的缺點獲得升遷。**他們得以晉升是因為他們懂得善用每天一起工作的同事的經歷，包括我在內**。

目標明確的人會仔細盤點他在工作時接觸到的每個人，並且將他們視為可能可以提升自己知識或影響力的對象。如果他能聰明地環顧四周就會發現，他日常工作的地方就像一間教室，他可以從中獲得最多來自實務經驗的教育。

有些人會問：「我們該如何將這種教育運用到淋漓盡致？」

沒有動機的人永遠也不會有成就。人們之所以會為別人提供自身的經驗、知識和幫助，是因為他們有足夠的動機。比起好鬥、易怒、無禮或忽略禮貌（有文化的人都會重視禮貌）的人，以友善、合作的心態和每天相處的人往來，能讓你得到更多向別人學習的機會。一個人如果想要向經驗更豐富的人學習、需要對方的合作，就一定要謹記一句老諺語：「用蜂蜜比用鹽巴更能捕捉到蒼蠅。」

教育：教育是無止境的。目標明確的人必須持續向所有可能的對象學習，尤其針對他的目標，能提供相關的特別知識和經歷的專家。

公共圖書館免費提供大量有組織的知識，內容包含文明世界已知的所有主題，是各種語言的所有人類知識的總合。事業有成的人會重視閱讀，並且向前人學習和他的工作相關的重要知識。有人說，除非能獲得其他人經歷過並保存下來關於某個領域的所有知識，否則我們在這個領域連小學生的程度都不如。

讀書計畫必須和日常飲食一樣謹慎選擇，因為缺乏閱讀糧食，我們的心靈就無法成長。把閱讀時間花在看緋聞和色情雜誌的人是不會邁向偉大成就的。但是，如果我們每天閱讀的內容，沒有針對實現目標提供相關知識，也同樣不會成功。隨興的閱讀雖然很有趣，但是對一個人的工作幾乎沒有幫助。

但是閱讀並非唯一的學習管道。透過小心地選擇工作上往來的對象和社交關係，我們就可以和別人成為盟友，從普通的對話中獲得通識教育。商業和職業俱樂部能提供機會，讓人們組成有教育價值的聯盟，但是要小心選擇俱樂部的屬性，並慎選其中往來的對象，更要有明確的目標。許多人正是透過這樣的機會，結交了對自己的目標有極高價值的商業和社交人脈。

成功的人不可能不交朋友，「人脈」指的是我們認識的人，人脈非常重要。如果一個人試著廣結善緣、結交「人脈」，雖然他在當下無法預知，但總有一天他會發現這些人脈很有用。如果他能讓這些人喜歡他，當時機成熟時，這些人就會準備好也願意幫助他。

教會活動：任何成功之道一定會提到教會的好處，否則就是不完整的成功之道。我並不是要推廣任何特定宗教信仰，因為我認為信仰是個人的私領域，不應該受到他人的影響。但是，既然我在分析成功和失敗的原因，我認為我有必要讓大家注意到教會往來的諸多好處，教會中的人際關係不只提供經濟上的好處，還有心靈上的幫助。

教會是最理想的聚會和發展人脈的地點之一，因為教會在固定時間聚集人群，並且能夠激發團體精神。每個人都需要某種管道與鄰居往來並交換意見，以便互相理解、增進友誼，而且不只是為了財務利益。如果一個人躲在象牙塔裡，不願意或極少與鄰居往來，很快就會變得自私且狹隘。

除此之外，出席教會活動能讓人結交朋友，通常對做生意或提供服務有很大的幫助。一起出席教會活動的人很快就能建立起互信的關係，不論是在工作或是社交上都能有幫助。

政治結盟：每個美國公民都有義務和權利參與政治，並行使投票權讓優秀的人出任公職。一個人所屬的政黨，重要性遠低於投票的權利。

如果不誠實的行為使得政治蒙上陰影，這怪不得別人，這是選民的錯誤，因為他們沒有將不誠實、不符資格且效率不彰的人趕出公務機關。

除了行使投票權的義務之外，我們也不該忽略透過「人脈」和有助於自己目標的人結為盟友，積極參與政治事務的好處。

在某些職業，政治影響力是提升個人利益的重要因素。商人和專業人士絕對不能忽略透過積極的政治結盟來提升自己的利益。雖然有些人不想從政或競選公職，但是公職人員對選民的義務可以轉換為對所有選民極有利的資產，有助於推廣自己的工作。能這樣警覺的人就會徹底善用投票權，因為他了解到從四面八方結交盟友有助於實現目標。

社交盟友：如果一個男人的工作需要結交許多朋友，同時妻子也了解透過社交活動交友的藝術，而能將自己的家和社交活動變成對丈夫來說價值連城的資產。這是幾乎毫無限制、豐饒的土地，可以讓人發展友好的「人脈」。

因為職業道德禁止自我宣傳的專業人士，可以善用他們的社交地位，特別是如果妻子也很有社交天份的話，就更有幫助了。一個成功的壽險業務員，如果讓妻子加入成功的女商人俱樂部，就能幫助他每年銷售超過百萬美元的保險。妻子的角色很簡單，她只要在家裡招待俱樂部的成員和她們的丈夫，壽險業務員就可以和這些男士在輕鬆的氛圍下熟識。

有一位律師的妻子就是透過舉辦的社交活動招待富裕的商人之妻，而幫助丈夫打造出某個中西部城市最賺錢的事務所。因此，社交活動能帶來無限的可能。

結交各行各業朋友的主要優勢之一，就是能和人脈進行「圓桌會議」般的討論。如果你的人脈夠廣而多元，他們就能提供你各種有用的資訊、與你交流，對於多元思維的發展非常重要。

我曾多次觀察當一群人聚在一起，開始針對任何主題進行圓桌會議式的討論，這樣自由、隨興的想法表達，能豐富參與者的心靈。每個人都需要以新的思想為糧食來強化自己的想法和計畫，只有透過和與自己意見不同的人進行坦率和真誠的討論，才能得到心靈的糧食。

如果牧師一再重複講道的內容，而沒有加入與別人互動時得到的新想法，他很快就會發現教會的座席空無一人。頂尖作家如果想維持崇高的地位，就必須透過與人往來和閱讀，持續納入別人的想法和概念。

要維持心靈的傑出、警覺、兼容並蓄和靈活，就必須持續以別人的想法來提供能量。如果沒有這麼做，心靈就會萎縮，就像不使用手臂，肌肉就會萎縮一樣，這就是自然法則。

如果研究大自然的計畫，你就會發現所有的生物，從最小的昆蟲到複雜的人類，都必須持續活動才能維持健康。只有沒有生命的物品才會因為經常被使用而逐漸耗損，相反的，人類心智越用會越靈活。圓桌會議的討論不只能為我們增加有用的知識，還能發展、擴充心靈的能量。

一個畢業後就再也不學習的人，永遠也不可能成為有學問的人——不論他在學校時累積了多少知識。人生就像是一所很大的學校，任何能激發思考的事物都是老師，這是有智慧的人都知道的。此外，有智慧的人也會每天都和他人聯絡，透過交換意見以提升自己的心靈。

所以，「智囊團原則」的實用性是無限的。智囊團是個媒介，讓我們利用別人的知識、經歷和心態來補充自己心靈的力量。

曾經有個人說得很好：「如果用一元和你交換一元，那我們倆的錢都沒有增加，但如果我給你一個想法交換你的一個想法，我們的投資就會增加一倍。」沒有什麼人際關係是比交換意見來得更有益，而且謙遜的人可以給我們一流的想法，雖然令人驚訝但卻是真的。

我說個故事，進一步來解釋我的意思好了。有一位名為羅素．康威爾（Russell Conwell）的牧師從教會的清潔工身上得到一個想法，最後讓他實現人生的重要目標。他的目標是創辦一間夢想中的學院，唯一的問題就是，他缺乏高達百萬美元的資金。

有一天，羅素．康威爾牧師停下手邊的工作，和正在忙著為教會草皮除草的清潔工閒聊。這位清潔工是個富有哲理的人，他們就這麼站著天南地北的閒聊，康威爾提到旁邊的草皮比教會院子裡的草皮還要綠、還要整齊。當然，他是意有所指地指責老清潔工沒有好好照顧教會的院子。

清潔工臉上帶著笑容說：「別人家的草皮總是比較綠，是因為我們習慣了自己家的草皮。」這番話在羅素・康威爾豐饒的心田裡種下了一個想法的種子——雖然只是個小小的種子，最後卻讓他得到了實現目標的方法。從那句話產生出一個演講的主題，以此主題，康威爾自己編寫演講稿並演說多達四千次，他稱之為「鑽石之地」。演講的中心思想就是：我們不需要向外尋求機會，機會就在他的腳下，只要承認別人家的草皮並沒有比較綠，只是看起來如此而已。

這個演說為羅素・康威爾一生賺進逾四百萬美元的財富，演講的內容也出版成冊[10]，在他過世後持續成為全國暢銷書。這筆錢被用來成立並維護美國的頂尖大學：天普大學（Temple University）。

這份演說的中心思想不只創立了一所大學，它還豐富了成千上萬人的心靈，鼓勵他們就近尋找機會。清潔工所說的話成為演講的內容，時至今日仍充滿了哲理。

記住：每一個活躍的腦袋都是潛在的靈感來源，我們可以從中擷取想法或想法的種子，對於解決問題有莫大的幫助。有時候偉大的想法是來自卑微的人，但是通常會來自於我們親近的人，也就是我們刻意成立並維持的「智囊團」。

讓我的事業攀上高峰的想法，是當我和查爾斯．舒瓦伯在高爾夫球場上打球時得到的。我們在結束第十三洞時，查爾斯帶著狡猾的微笑抬頭看著我，然後說：「這一洞我比你多出三分，老大。但是我有一個主意可以讓你有更多時間打高爾夫球。」

好奇心驅使我問他是什麼主意，他用一句簡單的話告訴我，而每個字都價值百萬，他說：「把你所有的工廠整合成一間大企業，然後在華爾街掛牌上市。」

10 譯註：「鑽石之地」的中文版書名為《鑽石就在你身邊》，晨星出版。

後來我們繼續打球，沒有再多談這件事。但當天晚上我開始在腦海中反覆地思考這個建議，在我上床睡覺前，就已將他的主意轉化為明確的計畫。隔周我就讓查爾斯・舒瓦伯去紐約，在一群華爾街銀行家面前演說，其中一位是約翰・皮爾龐特・摩根[11]（J. Pierpont Morgan），演說的內容是關於美國鋼鐵公司的組織計畫。透過這個計畫，我將整合我所有的鋼鐵廠，然後退休，並賺進財富。

我要強調一點，如果我沒有鼓勵員工提供意見，查爾斯・舒瓦伯可能永遠也不會有這個主意，而我也可能永遠不會因此受惠。我就是持續透過「智囊團」，鼓勵成員多思考，而舒瓦伯就是我的智囊團中的一員。

我要再次強調：「人脈」很重要！如果再加上「和諧」就更好了。透過與他人和諧的關係，我們就有機會善用對方的能力創造想法。忽略這個偉大真理的人，將使自己永遠陷入平庸。沒有人聰明到可以不靠別人友善的合作，就獨自將影響力擴及全世界。在你介紹成功之道時，要盡可能強調這一點，因為光是這個想法就足以幫助成千上萬的人開啟成功之門，不懂此理的人不會有明確的目標，更不用說實現目標了。

太多人在尋找成功機會時捨近求遠，而且他們總是想要憑藉「奇蹟」和運氣，規劃了複雜的計畫以為可以藉此一舉成功。正如羅素・康威爾在他知名的演說中所陳述的，有些人似乎認為，從自己站的地方看起來，別人家的草皮總是比較綠，而錯過了從每天往來的人之中尋找想法和機會的「鑽石之地」。

我就是在日常生活中找到我的「鑽石之地」。當時我盯著炙熱的鼓風爐，只有我的想法能穿透它，我記得那一天我告訴自己，我要成為鋼鐵業的領袖，我才不要一輩子在別人的「鑽石之地」，當個卑微的攪拌工。

---

11 譯註：約翰・皮爾龐特・摩根，簡稱J.P. Morgan，是美國摩根大通銀行的創辦人。美國鋼鐵公司的成立和新英格蘭地區鐵路的修建，約翰・摩根都在金融方面提供協助，還曾多次協助美國政府發行債券，以解決國家財政問題。約翰・摩根可以說是現代美國金融業與大型工業公司的推手之一。

一開始，這個想法還不是很明確，只是一個願望，而不是明確的計畫。很快的，我又開始思考這件事且不肯放棄，直到有一天它開始驅使我採取行動，而不只是我緊捉不放的夢想。

那天我開始在我的「鑽石礦場」裡認真工作，我很意外地發現，明確的目標會自己變成對等的實質成果。重要的是你知道自己想要的是什麼，接下來就是用你手邊的資源在周遭開始挖掘。就算你的資源只是一些想法也沒關係，只要好好善用這些資源，就能成為更好的工具。了解「智囊團原則」並善用的人，能比不知道的人更快找到所需要的工具。

有些讀者肯定想知道，我是如何想到「智囊團原則」的，這個使工作回報我龐大財富的最主要的原因。

我就告訴你這個故事吧，這樣你就能更了解為什麼我會說出席教會活動是善用「智囊團」的原因了。

認識我的人都知道，我從來不會強調我的信仰或是參與教會活動，而是以自我示範的榜樣。但是每一周我至少會有一天放下所有的俗務，然後讀一本書、聽一場演講或是佈道。

某個周日早晨，我聽到一位牧師講道時生動地描述，如果基督生在這個人人重商、重利的時代，祂會怎麼做。他很戲劇性地描繪基督和十二門徒生活在這個時代、變成現代人，並描述他們如同大企業的董事們坐在桌前。他讓基督和門徒說著現代人的用語，並想像他們如果生在現代會如何管理公司。

當年我只是個年輕的勞工，但那次的佈道卻在我心裡種下了「智囊團」的種子，我開始想思考，也開始和其他勞工談論這個想法，很快的，兩位親近的同事開始想像了各種可能性。我們根據對鋼鐵業的了解逐漸發展這個想法，而且幾乎就在我們真正了解智囊團的力量前，我們的討論就形成了「明確的目標」，然後取得我開設第一間公司的資金。

現在的世界充滿了冷嘲熱諷和懷疑，很多人會說他們不上教會，是因為他們不了解牧師說的那個世界，認為牧師的想法不切實際、不適用於日常的職場環境，人們只能先滿足基本需求，才能想辦法救贖自己的靈魂。但是，有智慧的人不會被這種說法給誤導。

教會是為思想之火添加柴薪的地方。雖然有些牧師總是談論未來的生活而不常提到現況，但是，在我心中種下一個想法、幫助我擺脫貧窮、獲得財富的人卻一位教會的牧師，這是不爭的事實。

別誤會我的意思，我不是說教會是唯一可以讓人得到靈感、想到好主意能幫助人解決實際問題的地方，我也不想讓人以為教會永遠是最適合尋找靈感的地方。但我要強調一個事實，透過「智囊團原則」與人們進行友善的對話（不論這些人是怎麼認識的），**對心靈發展和成長來說是必要的**，而教會通常能提供一個有利於智囊團發展的環境。

每個人都必須與外界接觸，以獲得心靈發展與成長的糧食。有辨別力的人會非常謹慎地選擇密切往來的對象，因為他知道自己會受到經常往來的每個人的性格所影響。如果不設法結交比自己懂得更多、更有影響力的人，這種人我根本懶得理他，因為日子一天天過去，一個人選擇密切往來並效法的對象，會讓他提升層次或是降低格調。

大家都知道我身邊有個「智囊團」，成員都是比我更了解鋼鐵製造與行銷的人。如果我沒有這麼做，就永遠不會有人認為我是鋼鐵製造業的龍頭。

希爾：我懂您的意思，卡內基先生。但您還沒解釋一件事，我覺得非常困惑。我想知道的是，選擇能力和知識都優於自己的「智囊團」成員的規則。我覺得有優異能力的人沒那麼容易被說服，願意和能力比較差的人結盟。我們該如何克服這個障礙、建立一個「智囊團」呢？

卡內基：我很高興你問了，因為這樣我就能把話說得更清楚。我想先談談讓人們決定做與不做的九個基本的動機。人們和別人結盟是因為他們預期能從這樣的聯盟中得到一些好處。

經常發生一種情況，一個人在許多方面的能力很弱，但在某一方面卻具有豐富、實用的經驗和知識。如果他能證明自己的想法清楚而完整、可以用來創造收益，就算別人在其他許多方面可能都比他厲害，他還是能很容易就吸引別人加入他的陣容，以推廣和發展他的想法。

以我自己為例。我原本只是個普通的勞工，但我有了一些關於鋼鐵製造與行銷的想法，領先產業所習慣的方法。擁有這些新穎的想法加上我有說服別人認同我想法的能力，讓我位居聯盟的主導地位，使其他人願意提供我所需的資金以發展這些想法。

這些人在許多方面都比我強。但是，依照我在鋼鐵製造方面的計畫，我就比他們強，而且他們也認同。他們的專長在於利用資金來獲利。我的專長在於以更好的方式製造鋼鐵。我們需要彼此。提供資金的人無法製造鋼鐵，而我可以讓他們看到如何用比以往更經濟有效的方式辦到。

當我手中拿到必須的資金後，我必須找到一群有鋼鐵製造技術能力的人和我結盟，對金錢的慾望成為了他們工作的動機。**他們需要我，正如我需要他們**，因為他們的專長不包括把才能變成現金的推銷能力，而我有這樣的能力，他們就願意加入我的團隊。

我再給你另一個典型的例子，說明有實用想法的人如何吸引能力更好的人加入他的「智囊團」。底特律有個人叫做亨利．福特。他受過的教育非常少，也沒有什麼了不起的本事，但他有個想法，幫助他吸引有技術能力的人和必要的資金，這個想法具備了重要的商業價值。

大家都知道，他的想法是自行驅動的交通工具，也就是後來的汽車。他花了很多時間和心力在這個想法上進行實驗，直到證明這個想法具有商業價值。他的下一步就是讓一個他認識的人提供一小筆資金讓他開始製造汽車。有了這個剛加入盟友的幫助，他找來道奇兄弟[12]和其他具有機械和技術能力的人加入他的「智囊團」。也許亨利．福特的盟友在許多方面的能力都比他強，但是想法是他的，而他們給他聯盟主導者的地位。

這是一般人與能力比自己好的人為伍的方法。這樣的聯盟背後一定都有一個動機，最普遍的動機就是對財務獲利的渴望。你要注意福特這個人，因為他有一天將成為美國汽車業的龍頭。密切地觀察他，他不只是個哲學家，他也很懂機械，觀察他可以了解一個人如何只靠一個想法就在美國白手起家，實現偉大的成就。

既然我們正在談這個話題，我想強調**想法控制世界**！

想法是讓所有人類成就萌芽的種子。能創造完整想法的人一定可以找到聰明、有能力的人和資金，來發展並推廣他的想法。

說到資金時一定要記住一點，如果不是有技術能力的人，錢對於任何生意都沒有什麼價值。任何生意背後真正的資本，是能以金錢衡量的實體資產，以及管理這些資產必要的人才，而且**重點在於人才**。

你只要謹記資本的特質，那你就更能了解有完整想法的人，如何能與在許多方面比他更優秀的人為伍，進而推廣自己的想法以從中獲利。不論一個想法有多好，除非有資金且具有商業價值，否則只有想法是一文不值的。

很少有人擁有具有商業價值的想法，同時還有推廣這個想法所需的資金，這是真實的情況。有完整想法的人就能夠組織「智囊團」，而其中的成員都有極佳的能力，但是沒有創造力所以無法自己產生好的想法。

12 譯註：約翰．道奇（John Dodge）和霍瑞斯．道奇（Horace Dodge）原為底特律的機械工，自行開設機械設備製造公司後為福特汽車提供大部分重要的零件，後來兄弟倆自行創辦道奇汽車。

The man who controls his own mind may control practically everything else he desires.

能控制自己心靈的人，

就能控制他想要控制的所有東西。

有時候，有好點子的人很難說服有資金的人，讓他知道這個點子有商業潛力，尤其是全新、沒有經過證實的主意，他更會被別人冷漠以對。曾經發生過的一件事就能說明我的意思。萊特兄弟有一個非常好，但是前所未見、未經證實的想法——會飛的機器。當時世人還沒看過由人類操控在空中飛翔的機器。因為沒有前例可循[13]，直到萊特兄弟打造了一部飛機，證明了這個主意是可行的。

一開始，媒體界非常懷疑這個點子，沒有人願意花時間去調查這架飛機的事。他們不相信有會飛的機器，因為他們從沒看過也從沒聽過。如果萊特兄弟是普通人，他們可能會灰心喪志，在世人接受這個點子之前就先放棄。但是他們是有潛力成功的人。

他們有一個明確的目標，也有勇氣堅持下去直到實現目標為止。在智囊團的

---

13 譯註：萊特兄弟發明的動力飛行器於一九〇三年首次試飛成功。

協助下，他們就能吸引有資金的人和其他有技術能力的人，將他們的點子改善得臻至完美並加以推廣，直到世人接受為止。雖然飛機產業還沒誕生，但是時候會來臨的，而且很快地，搭飛機旅行將會和現在搭火車或開車旅行一樣普遍。

人類的進步就是這樣，從文明之初一直到現在。**人們接受新想法的速度很慢，而且很不情願！**所以，比別人預先知道就是預先做好準備，因此，你要提醒想學習成功之道的人們，不要一出現困難就放棄。

愛迪生一開始也很辛苦。當愛迪生宣布他發明了一種實用的白熾燈炮，可以用電力來點燃時，我還記得世人對他嗤之以鼻。愛迪生經歷的是每一個有新的或未經證明想法的人都會經歷的情況。但是愛迪生有明確的目標，而且他堅持目標，在經歷了上萬次的失敗和失望了，最後勇氣戰勝了恐懼和懷疑。

希爾：很高興您能分享您對堅持的看法，卡內基先生，因為我可能需要花上很長的時間，才能讓世人接受成功之道這個新的哲理。

卡內基：是的，你需要的毅力將更甚於大部分的事業，你需要堅持，才能幫助你度過編寫成功之道的辛苦過程，這需要很多年的時間，你將需要毅力才能讓世人接受你辛苦的成果。所以我才會強調，留意前人的經驗是多麼的重要，因為在想法被接受前，他們全都面臨世人的懷疑，無一例外。

你的成功或失敗將有很大一部分取決於在不被世人肯定的情況下，繼續執行的能力，直到你的成果被認同為止。不過，確實有一些動機可以給你勇氣還有動力讓你繼續努力，直到你實現目標為止。

第一，你率先提供給世人成功之道這份贈禮，這為你帶來的名聲和認同，將能滿足任何人被認同的渴望。

第二，你的成功帶給你的財務獎勵，將遠超過你所需。

第三，你透過這項工作為世人提供的服務，將為你帶來持續的幸福，這種深切的幸福感是從別的地方無法得到的。當你感到沮喪時，記住這一點就能夠幫助你排除一路上遇到的阻礙。

只要把這個工作做好，你將在有生之年看到你的影響力遍及文明世界各處。你將成為美國家喻戶曉的名人，你的作品將被翻譯成各種語言，你對世人的貢獻將持續得比人類文明史上所有哲學家還要久，上自柏拉圖和他的學派，下至愛默生和一些最近的哲學家。堅持這個觀點，但是別被它控制了！如果有一天你開始變得自負，或是自以為世界不能沒有你，你對這個世界就沒有任何用處了。

懷抱著謙遜的心態工作，永遠要記住你只是個學生，尋找別人對人生及生活的知識，這些知識將有助於沒有能力也無法花上二、三十年尋找成功之道的人們。

在我繼續說下去之前，我會為你開啟很多道門、讓你免費得到許多成就卓著者的想法。如果你讓他們感覺你自己或是你正在做的工作很了不起，或是你的言行舉止讓他們相信你只是為了自我提升而做，他們就會對你關上心門，永遠也不會和你合作。你的表情和內心都要真誠，他們就會放下手邊的工作和你長談，讓

You will become great only in proportion to the help which you extend to others in finding themselves, but never by feeling your own greatness!

你能夠幫助多少人找到自己的路，你就有多偉大，

但絕對不要感覺自己很偉大！

你了解他們豐富的人生歷練、令你受惠。

我會讓你去找電話的發明者，亞歷山大．葛拉罕．貝爾博士（Dr. Alexander Graham Bell），還有偉大的美國科學家艾默爾．R．蓋茲博士（Dr. Elmer R. Gates），他畢生致力於研究人類思想的運作方式。我還會讓你去找廿幾個成就不凡的人，你將能了解他們一生努力的成果，但是，除非你能證明你正在努力讓世人更了解成功之道，否則你將無法從他們身上得到任何東西。

記住，只要人們的追求是為了造福未來的世界，在合理的範圍內，人們可以得到自己想要的東西。但是，如果他們的行動和語言證明了他們只是為了私利，世界將冷漠地回應他們。

如果我一直直接地強調這一點，那是因為你和每一個正在進行這項工作的人都必須了解人性的這一點。我傳授你成功之道，不只是提供給你指引，更是要你傳遞給需要的人。

如果你想看到不為私利而是為了大眾的利益而努力的人，運用成功之道的實例，就去研究在政治弊端叢生時義憤填膺地站出來，承諾將犧牲自己的利益和時間，以爭取人民福利的公職候選人。我曾看過不只一次，為大眾利益奮戰的候選人在選舉中獲得壓倒性的勝利。

不久之前，美國有一個地方的市長與黑道結盟使得地區深受其害，以致於年輕人進入那一區都深感不安全。市民尋求政治人物的幫助但都沒有用。最後，一名牧師決心想辦法解決問題。雖然他缺乏政治歷練，但他選擇支持一位知名的商人擔任市長、進入那個危險的地區，他脫下大衣、熱血沸騰，明確地告訴人們，他會待在那裡直到大家投票選出正直的人。

日復一日，他在那個地區到處遊說，站在馬車的平台上，每一次展開演說時都說：「我請各位凝聚起來，不是為了我自己，而是為了各位的孩子和街坊鄰居的孩子，因為你們較年長的人，有義務要給孩子們一個正直的榜樣。」

最後，他所支持的候選人以前所未有的高票當選市長。

同樣的態度和精神也適用於各種人際關係，全世界都想要幫助無私、為他人服務的人。如果我說的沒錯，約莫兩千年前，一個木匠提供祂的服務、獻出祂的生命，就為了讓別人能過得更好，祂的影響力持續至今已成為全世界最重要的良善力量，從祂講道至今，祂的哲理仍十分具有影響力。

任何的爭論一定有三個面向：你所說的面向、和你爭論的人所說的那一面，還有正確的那一面。

我並不是想讓你成為牧師，但我希望讓你注意到人際關係中一個重要的規則，是人類史上最偉大的哲學家所說的話，我告訴你祂的哲理，我真誠地希望你能把這哲理傳遞給世人。如果在美國或其他國家，有一天人們變得冷漠且現實，對拿撒勒人[14]的哲理嗤之以鼻，那肯定是不好的世界。除此之外，我要你記住，這個謙遜的木匠就是率先向世人展現「智囊團原則」的人。

有些宗教理論可能遠離了拿撒勒人原本的教義，因此商業界有時候會合理地認為宗教信仰並不適用於現代的企業管理。但是世人應該要記住，神學的一些誤解，和主對我們言簡易賅的教導是完全不同的兩件事。我從來不會嚴格地遵守任何現代宗教的解讀，但是我了解「主」對於人際關係方面的教誨，我也從實際經驗和觀察商人中得知，祂的哲理從祂教導的時候到現在仍合理，而且仍適用於今日的社會。

14 譯註：拿撒勒人（Nazarene）即耶穌基督，以耶穌童年居住的城市拿撒勒（Nazareth）為名。

CHAPTER 3

智囊團原則分析

THE MASTER MIND PRINCIPLE

by Napoleon Hill

正如卡內基先生鏗鏘有力的說明，「智囊團原則」是一個實用的媒介，讓我們可以利用別人的教育背景、聰明才智和個人經歷，「智囊團」可以讓我們在實現目標時克服所有的困難。

透過「智囊團原則」的幫助，我們不需要成為太空人就能研究天上的星晨。有了「智囊團原則」的幫助，我們不必成為地質學家就可以看到並了解地球的結構。

我們不必成為生物學家，就可以看到把小小毛蟲變成美麗花蝴蝶的大自然。

我們不必成為化學家，就可以了解化學物質的性質與應用。

我們不必真的經歷過歷史事件也能了解人類的歷史。

只要了解如何應用這個放諸四海皆準的原則，就有無限的可能。因此，「智囊團」是成功之道原則中重要性最高的。

上述關於「智囊團原則」以及成功之道，字字句句都是卡內基先生親口所說。按照他的要求，成功之道的內容已盡可能以他親口說的每個字呈現給讀者。以下則是我個人對於「智囊團原則」的觀察。

給首次利用「智囊團原則」的人的建議

以下是我給第一次在實務中應用「智囊團原則」的人，幾個運用的方向：

一、為了方便起見，初學者應該假設有兩種「智囊團聯盟」。第一種是單純以個人生活為主的智囊團，成員包括親戚、密友、宗教信仰的顧問和社交友人，我們可以因為社交活動或是教育目的而和這些人往來，但不把這個關係變成實質的財務利益。第二種是工作、生意或職業上的智囊團，成員包括完全是為了財務、經濟或為工作升遷的利益所選擇的智囊團成員。

「和諧」是這兩個團體成功的要素。記住，在這兩個團體中，想要獲得盟友的認同、忠誠、知識、經驗、創造力、和諧與合作，就是以相同的態度回報盟友。

二、為兩個智囊團選擇盟友時，不論盟友是男是女，都要選擇最符合你需要的人。選擇能完全認同你的明確目標的人。將這個目標放在自己和盟友的心裡，保守這個祕密。如果你覺得找到的盟友不適合，就要再尋找新的盟友。

三、和諧的合作關係通常以六到七人最適當。人數太多，有時候會變得很不靈活。如果只是社交上的盟友（不包括需要必要技術能力的生意），人數不用太多。當然，實際的人數要視聯盟的目的和本質而定。

四、智囊團的盟友要隨時保持密切的溝通。智囊團可以定期會面，就像經營良好的公司董事會固定開會，但不是每次會面時所有成員都要出席。

五、智囊團正式會面時，應該在所有成員都出席時，討論使用什麼方法以實現明確的目標，或是先實現較小的目標以期最終實現主要目標，最後的計畫就會是聯盟中所有成員的經歷、知識、才智、策略和想像力的結合。但是，雖然是團體所產生的計畫，執行卻是領導者一人的責任。不要期待別人會告訴你該做什麼、何時去做、在哪裡做以及該怎麼做，做就對了！

六、永遠要記得，熱烈的渴望、明確的陳述、由信念支持，是所有成就的開端，也是「智囊團原則」成功運作的核心。「渴望」深植心中、明確定義的渴望，是運用智囊團的起點。只透過自己的努力無法獲得任何東西，只有明確的渴望才能獲得。因此，要讓你人生中最重要的目標成為你執著的渴望！

七、還要記住，心態是一種有感染力的能量，會延伸並影響智囊團中的每一個成員。因此，出席智囊團會議時要帶著獨立自主的精神，有信心能實現你的目標。這種信念、關於自我的心態，沒有妥協的空間。這是一種無形的力量，能主導智囊團中每一個成員的想法，並將成員的思想結合為一。

信念和恐懼是「智囊團聯盟」所創造能量的兩端，一端代表正能量，另一端代表負能量。

信念讓人接近神、可以和神溝通；恐懼則讓人遠離神、無法與神溝通。

信念造就偉大的領導者，讓他有無止境的遠見；恐懼會創造畏縮的跟隨者。

信念讓人勇敢、誠實的工作；恐懼讓人不誠實、不可靠、鬼鬼祟祟。

信念讓人尋找並看見別人的優點；恐懼只會讓人發現別人的缺點和不足。

信念，從一個人的雙眼、表情、聲音和一舉一動展現出來。恐懼，也從同樣的地方展現出來。

信念能吸引合作的精神；恐懼會驅趕人們，令人不願意溝通、不回應別人的提議。

信念只會吸引有建設性和創造性的事，恐懼只會吸引破壞性的事。不管在哪裡測試這個原則，你就會確信這是真的。

信念讓人做出對的決定，恐懼令人做出錯誤的事。兩個對立的人，在百分之九十九的情況下，充滿信念的人會戰勝以恐懼為動力的人。因為恐懼會讓人魯莽行事、缺乏計畫或目標，而信念只會針對明確定義的計畫、朝向明確的目標前進。

信念和恐懼都會透過最實際、自然的媒介實現目標。

信念能創造，恐懼會破壞；恐懼無法創造，信念不會造成破壞。信念可以建造帝國大廈、巴拿馬運河、提供國家安全。恐懼會否定所有的努力，不論大小。

信念和恐懼絕對不會同時存在一個人的心裡，其中之一永遠會主導情勢。

恐懼會帶來破壞性的戰爭和蕭條，信念可以擊退戰爭和蕭條。

信念可以推升謙遜的人，不論是什麼職業都能有所成就。恐懼令人無所成。

恐懼是會傳染的，馬或狗都能感受到主人害怕，行為會明確反映出恐懼。

信念是一種神祕、無法抗拒的力量，科學家無法明確區分並加以了解。它是大自然中神奇的力量，能賦予心靈的力量。

恐懼無法和心靈的力量融合，正如油無法和水融合。

信念是一種心理狀態，任何人都有權利用它。重要的是，任何人都能完全掌控自己的心理。

如果善加利用信念，信念能消除人們將自己束縛在自己思想中的限制。到目前為止，還沒有人發現信念的力量有任何的限制。

當一個人的希望、渴望、目標和目的具體化成為想要成功的熱切決心，信念就會開始占據一個人的思想。

信念會自然導向正義，恐懼會帶來不義。

信念是正常的心理狀態，恐懼是不自然且不正常的狀態。

企業不論規模大小，如果想要成功，必須有一個能啟發員工和客戶的領導者。

當你對自己的目標和希望都不再有信念時，就可以直接宣告「結束」，因為不論你是誰、職業為何，都已經結束了。

「我確實地告訴你們：你們若有信心像一粒芥菜種，就是對這座山說『從這裡移到那裡！』它也必挪去；並且你們沒有一件不能做的事了。[15]」

我要強調，「智囊團原則」中，其中一個重要的因素——這是卡內基先生沒有特別強調的，那就是「信念」這個心理狀態。我之所以會特別強調這一點是因為，有無數次的經驗顯示，在圓桌會議上友善地討論任何議題之後，確實能趕走恐懼、鼓勵信念。大部分成就卓越的人都發現了這個事實，並加以善用。

大家都知道，美國有四位傑出的產業領袖多年來利用「智囊團原則」而獲得成功，那就是：亨利・福特、愛迪生、哈維・汎世通[16]（Harvey Firestone）[17]和自然學者約翰・博洛斯（John Burroughs）。他們每年都會放下自己的職責，一起前往遺世獨立的山區，和「智囊團」的盟友交換意見。每個人都帶著自己原本就

15 譯註：本文出自〈馬太福音〉第十七章。
16 譯註：哈維・汎世通是汎世通輪胎公司的創辦人。
17 編按：亨利・福特（一八六三年－一九四七年）、湯瑪士・愛迪生（一八四七年－一九三一年）、哈維・汎世通（一八六八年－一九三八年）三人，在當時被視為美國工業三巨頭。

有的知識以及向其他三人學到的知識回家。據了解情況的人說，這個聯盟中的每個人，每年從這趟朝聖之旅回來時，都帶著全新的想法、心智都變得更靈敏。

卡內基先生說得很好，沒有一個人的心智能力是完整的，所有真正偉大的心智能力都是透過與他人的往來接觸得到強化。有時候是偶然，當事人完全沒有發現他的心智能力正在強化，但是真正偉大的思想家都是刻意了解和運用「智囊團原則」的人。

所以真正偉大的人很少！「智囊團原則」不是大家都了解的常識，而安德魯・卡內基正是因為了解這一點，所以他說，他呈現給美國人民的是他的財富中最好的部分，也就是協助我將所有成功的原則整理為成功之道。

不論研究哪一位的成功人士，只要查看所有能取得的紀錄，就會發現他們的成功都是因為以某種方式應用了「智囊團原則」。

亞瑟・布里斯本（Arthur Brisbane）原本從事報業，沒有顯赫的成就，在他和威廉・藍道夫・赫斯特（William Randolph Hearst）結盟，並成為赫斯特先生的機要顧問後，他們的關係產生了無聲、無形的力量，也就是信念，很快的，布里斯本就提升至重要的地位，他的名字被印在赫斯特先生旗下每天出刊的〈今日〉報紙專欄上，知名度大開，最後他的名字還被印在成千上萬份全國各地其他報紙的頭版，他的財富也因此大增！而威廉・藍道夫・赫斯特的成長不只是心靈的力量，還有實質的財富。他們的結盟為兩人帶來極大的優勢。

亞瑟・布里斯本過世不久後，龐大的赫斯特報社帝國也土崩瓦解，彷彿原本就是建立在沙地上一樣。讓赫斯特報紙發展並維持營運獲利的「智囊團」，隨著布里斯本一起離開。這種情況不只是偶然或機運。

頭腦清楚的人最了解。不論你在哪裡尋找，不論是從事卑微的工作或是管理大型企業帝國的每一個人，無論成功的領域為何，都一定會看到「智囊團原則」。

凱特·史密斯[18]（Kate Smith）選擇以歌唱為人生的目標，但她一開始不太順遂。有些人願意聽她唱歌，但願意付錢聽歌的人卻不多。經過好幾個月的沮喪歷程，只要有觀眾，不論有沒有錢，她隨時隨地都願意開口唱。但是情況一直沒有起色，直到她和經紀人泰德·科林斯（Ted Collins）組成了智囊團聯盟，她的命運開始好轉。後來她定期在全國性的廣播電台唱歌，而且她的歌聲讓她每一場表演賺到的收入，比大部分歌手一年賺的還要多，但當時美國有很多缺乏工作機會的歌手，而且很多人的歌喉更甚於她。

艾格·柏真（Edgar Bergen）和他「控制不住的跟班」查理·麥卡錫[19]（Charlie McCarthy），許多年來在紐約百老匯大道，為賺取微薄的收入工作。大部分的時候他們都是「自由業」——這是劇場表演者在沒有工作時的說法。不知道是機緣或其他關係，他們被魯迪·瓦里（Rudy Vallee）發掘，在他的廣播節目中表演，吸引了廣大的聽眾，後來成為家喻戶曉的搭檔。

這就是他們的轉捩點！瓦里和柏真應用「智囊團原則」，幫助了後來家喻戶曉的天才，讓他的票房一飛衝天！在世人發現他之前，他就已經是個天才了，但光是有天賦才華並不夠，除非有「智囊團」協助推動他的優異才能，否則別以為全世界的人都會蜂擁上門找他。

傑克・登普西（Jack Dempsey）是個沒沒無聞、偶爾打拳擊的年輕人。他沒有拳擊技藝，大部分的人也都不認識他，後來運氣降臨，讓他和傑克・奇爾斯（Jack Kearns）組成了智囊團聯盟，不久之後他就朝向世界冠軍和財富邁進。隨著兩人的智囊團結束，身為拳擊手的登普西不再受歡迎，技巧也隨之消失。這個故事在體育圈非常知名，所以值得在此詳細說明。讀者要記住的重點是，當「智囊

18 譯註：凱特・史密斯，被稱為「廣播電台第一夫人」，縱橫美國歌壇長達五十年，有「南方美聲」的美譽。

19 譯註：艾格・柏真是一位腹語表演者，查理・麥卡錫是他表演用的人偶。

團原則」被捨棄，持續成功的機會也會隨著消失。

法蘭克．克雷恩牧師（Reverend Frank Crane）原本是流浪牧師，他經常抱怨他的佈道「無法讓人的身心結合」。一位了解「智囊團原則」的人給他建議，法蘭克．克雷恩不再進行小型的個人聚會佈道，轉而開始寫短篇的佈道文給廣大的讀者，刊登在數百份報紙專欄上。透用「智囊團原則」幫助他行銷佈道短文的人承認，他在過世前的年收入超過七萬五千美元——比當時美國總統的薪水還高。

不論一個人明確的目標是什麼，是管理一個龐大的工業帝國，或是向人們佈道，唯有透過「智囊團原則」的實踐，才能達到卓越的成功。接受這個事實，你就能接近前所未見的成功起點。

俄亥俄州銷售壽險金額最高的壽險業務員，原本是電車駕駛，雖然他受過的教育不多，卻極為渴望能成為名人。他將「智囊團原則」應用在壽險業務的方式既有趣又有教育意義。在他還是電車駕駛時，他就開始學習成功之道，在訓練結束前，他就辭去在電車公司的工作，投入保險業務的工作。

在掌握了「智囊團原則」的完整精神後，他開始新的工作時，他以獨特的方式應用這項原則。首先，他和好幾間以分期付款銷售傢俱的零售店結盟，他請這些商店將預付第一年保費的壽險保單，拿給在他們商店購買傢俱的所有新婚夫妻。

然後他又和好幾個不同的汽車品牌經銷商達成類似的聯盟，他接著又和好幾間投資公司結盟，讓這些公司為向它們購屋的客戶投保壽險。接下來，他又和三間儲蓄銀行結盟，這些銀行透過他，幫維持帳戶至少最低金額的所有新存戶投保。

這位年輕人轉職到壽險業後，第一年所賺進的錢，遠高於他在電車公司工作十年的收入。後來，他雇用好幾位壽險業務員在其他州為他工作，據說他現在的收入比他之前工作的電車公司的全年獲利還要高。

我要稍為解釋一下他的背景，才能說明他成功的原因。他的教育程度不高而且其貌不揚，身材矮小且瘦弱，他在很多方面都不如一般人，而且他也有自知之明。他成功的祕訣在於：他將自卑轉化成「想要被認同」、「成名」的強烈渴望，這就是促使他努力工作的主要動機。同時他還具備堅毅的精神，不接受別人對他說「不可能」。

他毫無畏懼！下定決心彌補他缺乏個人特色、在其他方面都不如人的缺憾。那一年，他為了明確的目標工作，嚴格地遵守自己訂下的銷售業績。當然，他盡可能善用「智囊團原則」，否則他沒有特色，也沒有潛力。雖然有超過六千個受過相同訓練的壽險業務員可以輕鬆複製他的成就，但他們卻沒有掌握到「智囊團原則」完整的意義和潛力。

俄亥俄州坎頓市的保羅．威爾席默（Paul Welshimer）牧師，有效地運用「智囊團原則」，讓他組織美國最大的主日學，總學員人數超過五千人。他運用這項原則的方式既簡單又有趣。簡單地說，他讓教會和主日學的每個成員都成為他的智囊團成員。

他給每個人一個角色，還有好好扮演這個角色的動機。他將教會和主日學的成員組織成多個委員會，每個委員會都有一些任務要執行，以擴大教會的影響力。威爾席默先生成功的祕訣可以用一句話來說明：我們讓大家忙著拉車，他們就沒有空亂踢了。

他們和諧地合作的動機，就只是每一個成員都渴望將工作忠實地完成後，可以獲得肯定，他也不吝給予他們肯定。教會有自己的印刷廠、發行自己的周報，報導教會和主日學成員的工作、社交和家庭活動。這樣就足以讓人全心全意合作。每個人在教會報紙上看到自己的名字時都很興奮。盡全力奉獻的人偶爾看到自己的照片和名字被刊登出來時都很高興。

有些人會說威爾席默先生是「偉大的牧師」，但諷刺的是，其實他根本算不上是牧師，他的演講能力不好，他的佈道通常枯燥乏味，他在成為牧師之前，在雜貨店工作，但是他很善於組織——這才是他成功的祕密。

他了解「智囊團原則」並善用這個原則，而其他的事就由教會的人去做，這些人是自願奉獻並且從中得到很多樂趣。此外，他們還把原本只有一個禮拜堂的教堂，擴建成占地將近一整個街區的教堂，現在它有一個大型的公共禮堂和幾間主日學教室。

威爾席默成了遠近馳名的牧師，全美幾乎所有城市都有教會牧師和主日學教師前來他的教會觀摩，想要學習他成功的祕訣。現在，任何一個教會牧師都可以善用這個「祕訣」，聰明地運用「智囊團原則」，如此而已。

愛迪生的合夥人愛德恩．C．巴恩斯（Edwin C. Barnes）的成功，很大一部分要歸功於他在銷售以愛迪生為品牌名稱的「愛迪生錄音機」（Ediphone）時，應用了「智囊團原則」。

當他開始以不尋常的方式應用「智囊團原則」時，他的業務團隊只有約廿人。他和幾間銷售辦公室傢俱、用品，以及節省辦公室人力設備（例如計算機、打字機類等產品）的公司合作，透過結盟，這些公司的業務員幾乎也成了錄音機的業務員。

他們的安排是這樣的：銷售錄音機的業務員和辦公室設備公司的業務員互相幫助，提供彼此可能購買對方產品的潛在客戶名單，而不向彼此收取費用。

計畫的執行簡單而有效。由巴恩斯部門中的電話總機接線員負責管理資訊集中交換所，每天都會打電話給可能的買家，在每天通話時，辦公設備和打字機公司的銷售人員會密切注意可能需要錄音機的公司——尤其是新成立的公司，這些業務員會及時打電話通知資訊集中交換所。

銷售錄音機的業務員也會注意可能需要辦公室設備或打字機的公司，並以電話通知這些公司。按照這個計畫，所有參與「智囊團」聯盟的公司都有一群不支薪的業務員，但卻能提供有利的服務。

計畫執行了十年後證實非常成功，巴恩斯先生可以退休了，因為他賺的錢已經超過他的需要，和他結盟的公司也同樣獲利豐厚。

在第一次世界大戰結束後，有間公司因為經營不善，使得一位原本擔任高薪私人祕書的年輕女士失去工作。她開始尋找別的工作，但是沒有一間公司能支付她要求的薪資。就在找新工作的同時，她開始學習成功之道。

在聽了一場「智囊團原則」的演說後，她發現了一件事並成立了自己的公司，後來賺的錢比之前擔任祕書時的薪水高出十倍。

她的想法很簡單。在她擔任祕書時，學會了用甜美的聲音接電話，所以她想出利用聲音來獲利的點子，她為某一些類型的企業提供合格的潛在客戶。她一開始只提供可能會購買壽險、汽車和不動產的消費者資訊，之後她的客戶名單又加入了百貨公司和其他不同業務類型的企業。

她拿著電話簿和每一個客戶談話，在談話中得到足夠的資訊，讓她精確地判斷哪些人能成為她客戶的潛在客戶。當然，她有一種電話銷售方法，使她能夠準確地確定哪個人可能是準買方，而且她的業務談話可以讓她判斷每個人是潛在的客戶或是不感興趣。

在一個下雨天，這位聰明的年輕女士打電話到我在華盛頓特區的家。她用「價值連城的電話語調」問我是否能去伍沃德與洛索普百貨公司男裝部十二號櫃檯，和她的助理史密斯小姐會面，她會向我展示我需要的東西，她確定我想要這樣東西，而且我一定會感謝她。我客氣地同意去見史密斯小姐。

這位年輕女士聰明地訓練自己的聲音，並精心規劃她的業務談話，使我覺得我不得不去見她的助理。當我到了十二號櫃檯時已經有十幾個人在排隊，他們全都和我一樣，等著看神祕的史密斯小姐會向他們展示什麼。在隊伍的最前面，史密斯小姐忙得不可開交，協助排隊的人試穿大衣並讓他們買回去！

當天她就賣出了一百五十六件大衣，更不用說這位聰明的年輕女士用「價值連城的聲音」賺到一筆可觀的利潤。排隊的每個人都完全配合她的計畫，但其他人不知道的是，他們之中有一個人是最大的冤大頭，那就是訓練這位女士電話銷售技巧的人：筆者本人，拿破崙・希爾。我所指導的「智囊團原則」非常成功，結果她用我的「誘餌」引我上鉤了。

這名年輕女子透過培訓其他年輕女性，讓她們學會透過電話聯絡可能的買家，她還擴大智囊團聯盟，與商人和公司合作，後來她在幾個大城市都有同樣的組織。她並沒有壟斷這個方法，也沒有什麼能阻止其他人模仿她的方法，也許有人真的就這麼做了。我認識一個壽險公司的總代理，他採用這個方案，有效地在第一年就讓他旗下五十名經紀人的銷售額提高了百分之四十以上。他總會安排一

"

The only thing anyone controls completely is his own thoughts. How profoundly significant!

人們唯一能完全掌控的東西，就是自己的想法。

真的非常重要！

"

位電話總機接線員打電話給家庭主婦，並安排拜訪這些主婦的丈夫。

從愛迪生合夥人的業務模式分析，跳到電話接線生的行銷技巧，看起來似乎八竿子打不著，但是本章的主旨是要顯示「智囊團原則」可以應用在任何職業，不論規模大小。

現在我要回來分析「智囊團」在美國最傑出產業的應用。

安德魯．卡內基早在筆者動筆的卅年前就預言了亨利．福特會有卓越的成就。我不打算詳述福特先生利用智囊團的所有方法，但我要分析他在應用這個原則上的兩個重要方式，這些都有公開紀錄。

首先我要回到一九一四年，當福特先生宣布調升所有員工的最低日薪至五美元，就算職責很輕鬆的工作也一樣，這個消息震撼了整個工業界。當年福特大部分的員工日薪約為二．五美元。對福特調高最低薪資的政策，其他工業界領袖大聲疾呼不滿，許多人並預言此舉將導致福特破產。

那麼我們就來看看紀錄，了解一下這個政策對他的事業實際上造成的影響。最大的影響大概是：調高最低薪資並沒有增加他的勞力支出，反而是壓低了成本，因為提高最低工資讓他的員工效率變得比以前更高、更好。

調高最低工資也改善了他們的工作「心態」，並因此提升整個工作環境的士氣。和諧的合作精神讓福特和員工更能互相理解，幾乎確保他避免勞資問題，因為他已經給員工更高的薪資、更好的工作環境，超越別的勞工領袖想要求的。廿多年後，有人想要破壞福特和員工之間的合作精神，存心煽動勞工，他的員工並沒有因此動搖。

透過調高最低薪資還有其他相關的政策，讓福特和員工之間建立起的「智囊團」聯盟，是造成他卓越的成就的最主要原因之一。而且這個政策也是福特能在日後降低汽車售價的原因，反之，其他汽車製造商必須調高產品售價。

早在福特採用「智囊團原則」以確保員工合作之前，他就將這個原則應用於其他方向，對他的整體事業產生更廣泛的效應，使他能掌控自己的生意，不需要向資本市場尋求營運資金。

他取得營運資金的方式既務實又簡單，事實上，福特做生意向來如此，方法就是他透過與汽車經銷商之間的智囊團聯盟。安排經銷商每年向福特以批發價買入特定數量的汽車，由經銷商先支付一定比例的預付款，剩下的應付金額待交車時再繳付。這筆預付款提供福特足夠的營運資本以生產汽車，因此，他不需要透過貸款或是出售他的持股來取得營運資本。

這種融資方式的商品價值非常驚人，利用非常微妙的銷售心理學原則，只有少數人曾經分析過：福特向購買工廠全部產品的人取得營運資金。這個計畫讓他的經銷商具有獨特的合作關係，相當於福特的合夥人，這種關係使他的經銷商成為他所有產品的購買者與銷售者，也是他製造汽車所需資金的提供者。這個融資策略讓福特不必花大錢雇用業務員，也讓他得到所需的營運資本，不必受制於專業金融機構。

就筆者所知，福特是有遠見的大型企業管理人，能將企業融資與產品分銷聯結，同時管理這兩種重要的因素，將「智囊團原則」應用於經濟活動中。大型工商業組織一般採用的正統融資方法完全忽略了著名的福特方法——將自己與融資者和產品購買者聯結起來。

他的方法能確保業務管理方之間的充分合作。企業經營管理的方式通常是從一群人手中取得營運資金（通常是透過出售股票），然後將產品銷售給另一群人。在這種情況下，公司的老闆與購買產品的人幾乎沒有共同點。如果按照福特的方法，參與公司業務任何部分的每個人，都有與他合作的明確動機。

有些福特的經銷商抱怨他的政策強迫他們必須買入固定數量的汽車，並預先支付一定比例的車款。從福特的觀點來看，最好的回應就是，全世界所有福特的經銷商都是隨時可以變現的資產。因此我們可以得出結論，福特將自己與經銷商連結的政策，整體而言一定對經銷商和對福特來說都非常有利。

福特應用「智囊團原則」的方式，不只用於他和經銷商，以及下屬員工的結盟，還延伸至幾乎世界各地，包含千千萬萬駕駛福特汽車的每一個人。

透過和大眾的聯盟——而且是自願結盟——比起同時期的工業大亨，亨利．福特在美國人心目中的形象更好。這種商譽資產就是一種財富，是不能單純以銀行存款餘額、汽車和機械設備來估計的。好的商譽隨時可以變現，而且比任何實質的物品還要更好、能持續更久。

就算把亨利．福特的每一分錢拿走、他的汽車製造廠全部付之一炬、奪走福特所有其他的實體資產，他還是會比克羅伊斯富有，因為他可以將商譽轉變為所有需要的資本讓他東山再起，就像只要打電話給他上百萬的朋友那麼快，如果有需要，他們甚至會把每一分錢都拿來投資在……投資什麼呢？他們投資的是對亨利・福特的信心。

對所有想花時間研究福特為何能如此成功的人來說，他為我們提供了寶貴的一課！大部分的人看著站在財富頂端、功成名就的福特，只看到一個「幸運」的人。知道真相的人——只有少數人知道——就會知道福特的成功完全沒有一絲運氣，也不是「碰巧」，而是他能聰明地運用「成功之道」。

在安德魯・卡內基的堅持下，筆者在撰寫本書之前的卅年就開始研究亨利・福特和他的人生哲學。我對這位汽車大王的個人觀察，早在福特被視為全世界最偉大的企業領袖之前就開始了。因此，我得以一步步地觀察他白手起家的過程，他受過的教育不多、沒有公認傑出的能力、甚至也沒有資金可以開公司，但是他卻能提升至全球最大工業國家最首屈一指企業家的地位。

因為這份對亨利・福特事業生涯重要時期的卓越分析，我得以提供精確的描述福特哲學最重要的部分給想要學習成功之道的人，如果不是這樣密切的觀察他和他做生意的方法，不可能有這樣的分析問世。任何有關亨利・福特的書籍，沒有哪位作家像我這樣揭露亨利・福特驚人成就的祕密。

但亨利・福特也有他的缺點！但重要的是，即便他有缺點卻仍能成功。值得注意的是，他犯的錯就是太過謹慎和保守。延誤改變福特汽車的車型，延誤跟上流線型汽車的趨勢，也許是他的重大錯誤。但他彌補錯誤的能力很了不起，讓他能吸收因錯誤造成的損失，而不會嚴重衝擊他的財富，或是影響他和大眾和諧的關係，或是打擊民眾對他的信任。

在敘述了可以應用於一般工作的「智囊團原則」之後，我現在要介紹兩位偉大的科學家，艾爾默・R・蓋茲博士和亞歷山大・葛拉罕・貝爾博士。安德魯・卡內基讓我和他們合作以編寫成功之道。

這兩人的成就實在太顯著了，不需要多花時間解釋他們的工作。貝爾博士是發明電話的人，此外，還有其他發明對人類有重要的貢獻。除了愛迪生和貝爾博士之外，蓋茲博士擁有的專利比任何其他人都還多。他的專長是研究人類的心靈現象，並且對這個世人所知甚少的主題有著重要的貢獻。

這三個人運用將近三年的時間裡幫助我編寫成功之道，對我傾囊相授他們所了解人類思想的神祕之處。若不是安德魯．卡內基先生的先見之明要我向另外兩人學習，他們對於人類心靈運作的珍貴發現將就此佚失，因為他們兩人都只留下一部分的發現可以供他人利用。即使如此，也只有科學家能理解他們的話。

接下來是艾爾默．R．蓋茲博士的談話，他代表自己和貝爾博士，提供讀者「智囊團」和心靈運作的其他原則分析，我已盡可能完整記載他當時對我說的話。

希爾：蓋茲博士，卡內基先生讓我來找您，請您提供務實、可用的成功之道，以包含工商業界領袖的經驗，以及像您一樣的科學家的經驗。所以，請談談您在心靈現象領域的研究重點。還有請記住一點，您的說明將幫助許多沒有機會獲得心理學知識的人，有些人的教育程度甚至只有高中畢業而已。

蓋茲博士：你提出的要求還真不容易，但我會盡全力配合。該從何說起好呢？

希爾：首先，我想和您討論卡內基先生的「智囊團原則」，他說這是他所有成就的主因。他的定義是「結合至少兩人的才智，秉持著和諧的精神合作以實現一個明確的目標」。根據卡內基先生的解釋，這似乎是唯一讓人們利用心靈能力的方法，此外，透過這個原則，我們就可以善用別人的知識、經驗、教育，還有策略能力及想像力。

蓋茲博士：是的，我知道你想要什麼了。貝爾博士和我花了很多年實驗這個原則。當然，我很樂意告訴你我們所知的一切。但是我必須事先提醒你，在你學會所有應學的知識之前，別急著下結論。貝爾博士和我都只能說我們對這個主題略知皮毛，但足以讓我們相信它開啟了通往知識的路，唯有應用這個知識才能獲益。

我們的結論是，除非世人普遍了解「智囊團原則」的知識，否則人類文明永遠無法實現最高的目標。你不必因此感到憂心，因為我希望能提供我所得到關於「智囊團」的一切資訊，讓每個人都能看得懂。

首先我該解釋一下，我認為「智囊團原則」的兩個主要特色：

一、連結至少兩個人的心智能力，齊心合作以實現一個明確的目標，這樣的組合能刺激每一個人的心智變得更敏銳、富有想像力、更活躍，更勝於只有一個人的情況。這個事實（很清楚、不容置疑，這就是個事實）非常重要，因為它提供一種實際的方法，讓人們可以補強自己的心智能力不足之處，這種形式的心智能力是沒有限制的。

透過這種和諧的聯盟，透過簡單地討論聯盟的目標和採取實現目標的行動，每個人都可以讓心智得到額外的刺激。藉由思想的交流，以及為實現某個明確目標而採取的明確行動，似乎能夠讓每個人發展出通往成功必須具備的信念。

正是這樣的心智聯盟所產生的決心，讓喬治・華盛頓的軍隊克服萬難；正是這樣的心智聯盟，賦予美國政府體制擁有強大的力量以維護國家、抵禦所有敵人；正是這樣的心智聯盟，建立起美國的工業體系、銀行體系，以及其他讓美國不同於其他國家的機構組織。

二、「智囊團原則」的第二個特色，遠超出人與物質環境和生活事物的關係，使個人很容易獲得「無窮智慧」的力量，從中可以開發並擁抱所有大自然法則！似乎只有受到啟發和激勵而想要幫助人類提升智力的人，才能得到這種超級知識的來源，只為私利著想的人是無法獲得的。

為了證明這個理論的合理性（注意，我說這是個理論），注意控制物質的自然法則，只關心自然法則的科學家無法解釋這個原則，因為這個原則超越了自然法則所能解釋的範圍。

似乎只有哲學家、玄學家，和摒棄物理法則而追求更高層次信念法則的人，才能越過那道阻礙。有時候我會同時扮演兩個角色：隨著物理法則帶領的科學家，以及讓信念引導我越過那道阻礙的哲學家，因此，以我的親身經歷，我有資格說：人類只靠著信念就可以獲得這一種知識。

如果我們將信念定義為「一種心理狀態，讓人摒棄所有理性或意志的限制，並且開闊自己的視野，讓神靈引導他為實現明確目標所做的努力」。

我對「智囊團原則」所做的實驗讓我相信，透過與他人和諧地合作，我們可以很快就達到這樣的心理狀態，讓人的心智能力超越理性和意志，這是當一個人獨自努力時所辦不到的。就連智力較低的動物，例如狗，也能在狗群的激勵下獲得勇氣和動力。

單獨一隻狗可能永遠不會想要殺一頭羊，但是當牠加入狗群，而首領決心要殺一頭羊時，牠就會變得兇惡、毫不猶豫地參與。同樣的傾向也可以在男孩或男人的身上看到。團體協力、團隊合作，人與人之間秉持著和諧的精神協同合作，給予人們採取行動的動機，這是從其他地方得不到的。

「智囊團原則」還有一個特色值得仔細分析，那就是當一個人因為和智囊團裡的人接觸，而使得心智能力有所「提升」時，他會進入「陶醉」狀態，並在會面結束後，持續這種狀態好幾個小時。心智在這種陶醉的情況下運作時，自然而然地會進入開放的狀態，正是信念開始出現的時刻。

如果需要證據，你可以觀察剛參加過業務激勵會議業務員的心理狀態。在會議中會有一個活力十足的領導者帶領大家進入熱情的狀態，你會注意到，會後每個業務員的勇氣顯著提升，比起會議前還要高出許多。成功的業務經理就是透過這樣的方式達成目標。最了解如何在業務員之間建立和睦精神的人，永遠都是最能幹的業務經理，但他本人有可能是很差勁的業務員。

對於各行各業中，想要透過與其他人結成聯盟，以便在任何工作中發揮自己影響力的人，也可以利用這一點。在佈道時講話內容最有趣的牧師，未必總是教會的領袖。真正的領袖是能讓追隨者以和諧的精神合作，而他會引導他們共同思考與行動。

以安德魯．卡內基為例。不論你怎麼分析他的個性、研究他的教育背景、如何衡量他，你終究會得出一個結論，他在各方面都是個不折不扣的平凡人。但倘若觀察他如何與智囊團的成員往來，你就會發現他的祕密。他知道如何讓人團結一致、齊心協力，完全放下每個人自己的利益和想法，以追求團體的利益。

這就是卡內基這位企業領袖驚人成就的祕密。因為他發現了所有成功的祕密都蘊含在和諧的聯盟中，他在任何其他領域的成就，也會和在鋼鐵業一樣有高效率。

希爾：蓋茲博士，您提到在智囊團會議中，一個人透過與其他人思想的結合而刺激他的心智能力，效果會持續到會議後一段時間。您是指，在受了智囊團的影響後，即使在會後獨自工作時，他的心智會維持更敏銳、可以更有效率的思考？

蓋茲博士：對，這就是我的意思。在某些情況下，這個刺激只會維持幾個小時。某些情況下可以維持好幾天，極少數情況下能維持好幾周。

希爾：那麼，如果智囊團的領導者想從聯盟得到他想要的優勢，他就必須和盟友密切的聯絡？

蓋茲博士：是的！一定要。你可以去看看卡內基先生，他定期和與他同級的商業領袖及其員工會面。如果不這麼做，智囊團聯盟將沒有效益。不要以為因為你有和其他人往來，就能獲得所有的好處，除非你能持續與別人接觸，透過討論、計劃和行動，維持聯盟的活躍！在大自然界中，生命的法則是，要使用才能發展和成長！自然界不喜歡真空狀態和沒有作為。最常使用的腦袋才能成為最聰

The whole world willingly follows the man
who shows by his actions that
he knows precisely where he is going.

以行動展現自己清楚人生方向的人，
世人都會願意追隨他。

明的腦袋。

希爾：蓋茲先生，諸如卡內基、愛迪生和在其他領域有傑出表現的人，是否生來就有卓越、優於普通人的智力？這難道不是他們超越大眾的原因嗎？

蓋茲博士：要聰明地回答你的問題，就必須小心地使用「如果」、「但是」、「也許」，只有一個方法能真正回答這個問題。首先，我要說人腦的運作非常複雜而神祕，沒有人夠聰明可以用任何已知的衡量方法，來分析任何人的腦袋。我們都知道，愛迪生天生智力就低於正常值，他的老師在徒勞三個月也無法教會他最基本的知識後就叫他回家，還說愛迪生「沒有足夠的智力接受教育」。

有鑑於愛迪生真實的故事，以及後來他的大腦展現的能力，我們必須承認，我們對人腦真的一無所知！我這麼說並不是開玩笑，也不是迴避你的問題，我只是說實話。但是公平地說，我必須提到同樣重要的事，那就是大自然有時候會創造出一些從小就有超強的吸收知識的能力，而被視為神童的人。

我得說，在這個水準內，每個人的頭腦都有可能發展及利用，超出一般腦力所能實現的能力。以這個類別中成就非凡的那些人為例，仔細分析他們，你會驚訝地發現，他們的成就是因為有動機的刺激，讓他們掌控自己的心智並全力運用。

希爾：您就快要回答我非常感興趣的問題。許多人想要善用自己的天賦能力，以解決人生中不著邊際又複雜的問題，肯定也對這個問題非常感興趣。這個問題就是：我們該從何處著手以掌控自己的心靈用於賺錢？

蓋茲博士：明確的目標是所有成就的起點，以對的動機或獎勵來激勵人們投入更多的努力！

希爾：以這麼重要的問題來說，這個回答未免太簡短了，蓋茲博士。能不能請您再詳細說明，讓那些想要找到對的方式來掌控自己心靈的人，有更明確的指引。

蓋茲博士：我可以長篇大論並用實例來詳細說明我剛才的回答，但是我不認為可以說得更好。事實是：任何人都可以實現他決心要做的事。

決心則完全是動機的問題。一個人深深地受到明確的動機所啟發，比聰明才智或是受過很多教育來得更重要。動機讓人有願景、想像力和進取心、自立能力和明確的目標。有了這些心靈的特質，再加上利用「智囊團原則」，讓人能借用別人的教育、經驗和能力，任何人都可以超越所有的限制、實現他設定的目標。

有一件事是肯定的：沒有證據顯示大部分富裕且事業成功者的腦力和智力超越常人。不論這種人在哪裡，在研究過這些人之後，你就會相信這個事實。「天才」這回事通常是個迷思。仔細觀察他們，所謂的天才通常是有強大的動機支撐著明確目標的人。

希爾：蓋茲博士，您的說法很驚人，也讓我們覺得欣慰，因為我們只是普通人，尤其對只有受過少數教育的人。我可以引用您說的所有話嗎？

蓋茲博士：當然，儘管引用！別以為成功只屬於少數人，別以為這些少數人很幸運地擁有某種神祕的超能力。如果所有人都能放棄這個錯誤的想法就好了。我不能代替造物主發言，但我忍不住想，如果祂不要「凡夫俗子」得到這種福氣，祂就不會創造出這麼多的凡夫俗子了！

經驗告訴我一個無可否認的事實，那就是人類文明最偉大的成就，都是凡夫俗子的創作！雖然這麼說聽起來很矛盾，但我必須提醒你一件事，那就是：真正偉大的人都只是凡夫俗子，他們只不過是發現了自己的心靈的力量並加以掌控。

希望我的實話實話不會讓你產生錯覺。別期望我會說，天才是天生的，不是後天發掘並利用自己的心靈。我正是希望能消除這種想法。

希爾：蓋茲博士，您說的話讓我非常驚喜，但沒有讓我產生錯覺，我來找您的原因，就是希望能夠學習您在大腦運作的相關實驗中所了解到的一切，而您也告訴我了。我會很樂意地向所有想學習成功之道的人保證，您說得沒錯，明確的目標佐以強烈的動機，比聰明才智來得更重要。以您這樣針對心智能力進行過廣泛實驗的人說出這樣的話，讓許多對成功感到絕望的人都重燃希望和目標了。

以上就是我和蓋茲博士的訪談內容，他的觀察為「智囊團原則」提供了很好的佐證，適合為本章畫下句點。唯有幫助他人找到持續的幸福，自己的幸福才能持續。

Every adversity is a blessing in disguise,
provided it teaches some lesson we would not
have learned without it.

所有的逆境都是因禍得福的機會，
讓我們學習順境中學不到的東西。

CHAPTER 4
加倍努力

GOING
the EXTRA MILE

讓自己在任何工作或事業上成為無法被取代的人，就能決定自己的價碼，全世界都會樂意付費，這是公認的事實。

本章探討的主題是如何讓自己無可取代。因此，本章對所有提供服務的讀者來說都很重要。

簡單的說，「加倍努力」的意思是，你所提供的服務比你所收到的費用還要更多、更好。養成這個習慣後，收益遞增法則會讓你得到更多回報。反過來說，沒有這個習慣，收益遞減法則會讓你得到的回報變少。

一位「幫助別人行銷自己」服務的人曾說，嚴格奉行付出比收穫更多的人，只要有能力就能得到任何想要的工作。

安德魯．卡內基創立了美國最大的工業組織——美國鋼鐵公司，成為美國最大的雇主之一，他對本章主題的觀點對讀者應該會有很大的幫助。

卡內基先生不只是最大的雇主，眾所皆知，他也很有識人之明。據信，他幫助員工團結互信、認同公司，所以在他公司努力工作而成為百萬富翁的人，比在其他工業大亨的公司工作而成為百萬富翁的人還要多，因此，他是自我行銷方面的權威。

值得注意的是，合作編寫「成功之道」的五百多名傑出的工商業領袖也都嚴守這樣的習慣：提供的服務應該要超越他們所獲得報酬。

我在本章一開始就提醒讀者這件事，因為愈來愈多人傾向提供比較少服務，卻想要獲得比較高的報酬。

經濟法則不可能讓人長期收取報酬高於投入的心力，在大自然中就有這樣的法則，因為大自然界不喜歡不勞而獲，或是用價值較低的東西換取收穫。並非在人類的世界中才有這樣的經濟法則。

聽從勸告的人很快就會發現，他們遲早會因為他們的智慧得到適當的報酬，遠遠超過其提供服務的實際價值。報酬不只是物質的獲得，他們的品格會增強、心態改善、發展自立能力、有進取心、熱情和名聲，為他們所提供的服務創造更持久的市場。

現在的人愈來愈傾向不勞而獲，在第一次世界大戰結束時，這個危險的趨勢開始蔓延，這些年來變得愈來愈嚴重，開始威脅到我們的生活方式。這個趨勢已經開始侵蝕國家的工業基礎，而工業正是提供最多就業機會的產業。

如果人們集結在一起，僅憑著人數眾多就要脅提高薪資，但相對地，提供較差的服務品質，就沒有任何產業可以順利營運。這種做法遲早會讓工業界面臨破產，而且時候就快到了。

筆者撰寫本章時，美國正面臨《獨立宣言》起草以來，一百六十五年來最大的危機。現在正是國防計畫發展的初期，完全要仰賴美國的工業為基礎。如果人們自私地要求支領全薪但卻提供低劣的勞力，這個計畫就無法執行。

現在該是我們「付出」比「收穫」多的時候。在大蕭條的環境下，美國人民必須放下自私自利，全心投入工作以保護自由的權利。

該是時候請每一個人都多付出一點，不只是為了自己的私利，更是為了貢獻一己之力，以拯救給予我們自由的民主制度。

「加倍努力」的習慣一直都是自我提升的管道，所有值得注意的成功人士都有這個習慣，而且現在就是該加倍努力的時候，以拯救美國精神。

如果我們希望繼續享受給予我們最高生活水準的這個政府體制，就必須保護它的基礎。這個任務讓我們願意「加倍努力」，這也是必要的。

就算沒有雄心壯志，不想要透過加倍努力來提升自我，也應該為了保護自己而這麼做。就算有些人不期望過奢華的生活，也不至於沉淪到不想要自由。

自由和所有值得擁有的東西一樣，都是有代價的。我們不能只盡微薄之力卻要求自由的果實。該是時候效法建國先鋒，他們冒著失去生命和財富的危險為我們爭取自由的精神，否則我們將會再次落入不懂正義和自由的外國獨裁者的枷鎖之中。

這一點絕對不能妥協。我們已經無路可退，只有一個方向可以前進，而且我們必須「加倍努力」，抱持絕不能失敗的決心。

我們不能享有世界上最富裕自由國家的優勢而不付出代價。天下沒有白吃的午餐，如果不為自己想要的東西付出代價，就只能得到別人強迫給我們的東西。

因此，在閱讀本章時請謹記並下定決心加倍努力，以支持比自己的私利更重要的事。

同時，這麼做可以學到自我提升重要的一課，讓你終生受用，正如安德魯．卡內基和其他將機會轉化為個人財富的人一樣。

如果你提供的服務比你原本同意的更多、更好，很快你就會發現自己的收穫比實際更多。

安德魯・卡內基發現這堂課背後隱藏的成功祕密，他向我揭露並要求我將這個祕密提供給有其他成功必備特質的人，因為沒有那些特質，擁有這個祕密可能非常危險。

協助編寫成功之道的許多成功人士也知道這個祕密。讀者不太可能自己發掘這個祕密，除非你有「加倍努力」的習慣。如果有，那麼你就會在不經意的時間和地點發現這個祕密。

在筆者動筆約莫二十年前一個寒冷的清晨，查爾斯・M・舒瓦伯的私人火車開進他位於賓夕法尼亞州的鋼鐵廠內的側線。在他下車時遇到一位自稱是鋼鐵廠速記員的年輕人，他來車廂外等候是希望能為舒瓦伯先生效勞。

舒瓦伯問：「是誰叫你來這裡見我的？」年輕人回答：「是我自己，我知道您是搭一早的火車抵達，因為我負責處理的一則電報寫著您將蒞臨的資訊。我身上帶著筆記本，先生，我很樂意為您記下任何要發電報的資訊。」

舒瓦伯先生稱讚年輕人想得很周到，他暫時不需要他的服務，不過他晚一點會派人去找他，後來他也確實這麼做了。當晚他的私人火車返回紐約時，就載著那位年輕人一起回去，舒瓦伯先生親自指派年輕人在他的辦公室工作。

那位年輕人姓威廉斯，他讓自己在鋼鐵公司內晉升至更高的職位，直到他存夠了錢自己成立藥品公司，擔任總裁並持有多數股份。

這個故事沒什麼高潮迭起也不是特別有趣，就看讀者認為怎樣才算戲劇性的故事發展。但對任何想在這個世界上立足的人來說，仔細分析就會發現這個故事的確有著如戲劇一般的轉折，因為故事描述的正是應用成功之道的一項重要原則：加倍努力！

我剛才說，這位年輕人讓自己在公司中晉升，我們就來看看他是如何提升自己，以便我們學習他的技巧。我們要學習的是，威廉斯有哪方面的能力是一般工廠速記員所沒有的，得以讓他獲舒瓦伯的青睞指派為他的個人助理？

舒瓦伯先生親口說過，威廉斯先生沒有任何不同於速記員的特質，但他自己主動培養出一項特質而且是不可改變的習慣，只有少數人擁有這項特質，就是他付出更多、更好的努力，比他得到的收穫還要多。

正是這個習慣讓他得以晉升！正是這個習慣讓舒瓦伯先生注意到他。正是這個習慣幫助他開公司成為自己的老闆。

許多年之前，正是這樣的習慣，讓舒瓦伯先生被卡內基先生注意，使舒瓦伯先生得以晉升成為自己的老闆。

也正是這個習慣，讓雄心勃勃的卡內基從小勞工搖身一變成為美國最大企業的老闆，累積巨額的財富、擁有實用的知識。

卡內基先生對於「加倍努力」這個主題的看法，能提供實際可行的技巧，可用於自我提升。以下就是我在編寫成功之道時，他親口對我所做的分析：

希爾：卡內基先生，我常聽人說，成功是運氣。許多人似乎相信事業有成的人是因為他們「交好運」，失敗的人是因為「運氣差」。

富裕的波斯哲學家克羅伊斯談到運氣時曾說：「人類的命運就像一個不停打轉的巨輪，巨輪的滾動令人無法永遠掌握財富。」在您的事業生涯中，是否曾看過這樣的巨輪？您的成功是否和運氣有關？您有沒有「交好運」？

卡內基：你的問題正好讓我開始談「加倍努力」，也就是付出的努力比所得的報酬更多。

首先回答你的問題：當然，的確有命運之輪掌控著人類的命運。但我想告訴你，我們的確可以影響這個巨輪，讓它以對我們有利的方式運作。如果不是如此，那也就沒有必要編寫成功之道的書了。

希爾：您能不能用最簡單的方式說明，我們該如何控制這個命運之輪呢？我想要用職場新鮮人可以理解的方式，來描述這個重要的成功因素。

卡內基：我的描述是，如果善用這個成功之道，任何人就能決定自己的身價，而不只是有機會得到他想要的。此外，這個規則非常有效，可以確保提供服務的人不會面臨客戶的為難。正如我說過的，這個規則就是「加倍努力」，意思就是「養成付出超過你所得報酬的努力」這個習慣。

注意，我加入了兩個字：「習慣」！

如果這個規則要能帶來可觀的結果，必須先養成習慣，隨時以各種可能的方式加倍努力。意思是，我們必須盡全力提供最多的服務，而且帶著友善和諧的態度。此外，不論立即獲得的報酬如何，甚至即便沒有立即獲得回報，也必須這麼做。

希爾：但是，卡內基先生，我認識大部分賺取微薄薪資的人都說，他們做的工作本來就比獲得的薪資還要多。如果是真的，那他們為什麼沒有改變自己的命運？他們為什麼沒有像你這麼富裕？

卡內基：這個問題的答案很簡單，但我必須先解釋很多細節你才能了解。首先，如果你仔細地分析過那些賺取微薄薪資的人就會發現，百分之九十八的人沒有「明確的目標」，他們工作只是為了賺取日薪。

因此，不論他們做多少工作、做得多好，命運之輪也不會給他們更好的機會，因為他們既不期待也不要求更多。好好思考這件事，你就更能理解我之後要說明的邏輯。

那些接受最低日薪、只求糊口的人和我之間的主要差別在於：我有明確的財富目標，我有取得財富的明確計畫，我致力於執行計畫，我提供與我要求的財富等值而實用的服務；而其他人卻沒有這樣的計畫或目標。

命運依照我的要求給我報酬，而那些賺取日薪的人也是這樣。命運之輪會按照每個人在心中設定的藍圖行事，帶給人們藍圖中的實質或財務成果。

除非你能了解這個真諦，否則你會無法理解這個最重要的部分。人類可以透過「補償法則」建立起和生命的聯結，包括他所擁有的東西。沒有人能規避這個法則，因為這不是人類制定的律法。

希爾：我了解您的意思，卡內基先生。換句話說，每個人所處的情況都是自己的想法造成的？

卡內基：你說得沒錯。大部分生活貧苦的人面臨到最大的困難在於，他們既不了解思想的力量，也不試著掌控自己的思想。以勞力取得的成就，很少能帶來巨額的財富。但是靠思想所獲得的成就，能讓人想要什麼就有什麼。

好了，我們繼續談「加倍努力」的原則吧，我要開始解釋這個原則比較實際的優勢。我之所以會說「實際」是因為，不需要別人的同意就能對任何人都有幫助。

首先我們來看看，習慣付出大於收穫的人，能吸引別人的**好感**，讓人提供你機會。我還沒看過有哪個人沒有付出更多的習慣，還能將自己提升至更高、更多報酬的職位。

這種習慣能幫助一個人發展及維持正確的「心態」來對待其他人，因此能讓別人願意配合他。

對比法則（law of contrast）也有幫助，因為很顯然絕大部分的人不遵守這個原則，他們的態度是有做就好，所以他們只能有收到剛好的報酬！

養成加倍努力的習慣，能為我們的服務創造持續的市場。此外，不論是薪水或其他形式的報酬，付出更多的態度能讓人有更多選擇，不論是工作和工作條件。

這樣的人還能吸引更多機會，是「拿多少錢做多少事」的人得不到的機會，因此能讓自己從受薪階級提升至企業主階級。

在某些情況下，加倍努力的心態能讓人在工作中無可取代，因此能決定自己的身價。

最重要的優勢是，「加倍努力」的心態讓收益得以遞增，收到的報酬會遠超過市場價值。因此，對做生意的人來說，付出比得到的更多是很正確的原則，即使是為了私利而這麼做，也能大幅提升個人的利益。

任何人都可以付出比回報更多，不需要得到別人的許可，因此這是自己可以控制的。但是許多其他好習慣都必須先獲得別人的同意和配合才能養成。

希爾：卡內基先生，為您工作的這些人是不是全都得到您的許可，付出的努力比收到的回報更多？如果是，有多少人因此得到好處？

卡內基：我很高興你問了這個問題，這樣我就有機會說明一個很重要的觀點。首先，我要說，為我工作的每一個人，包括過去曾為我工作過的人，不只可以付出更多努力，而且我還鼓勵所有員工這麼做，這是為了他們也是為了我好。

你聽了可能會很訝異，但是在我眾多員工之中，只有極少數人願意做得更多、更好，超過他們的薪酬。其中少數的例外是我們的經理級員工，他們所獲得的報酬遠超過我們大多數的員工。但是，所有的員工都可以這麼做，不需要任何人的同意。

我的智囊團中有些人，例如查爾斯．舒瓦伯，因為對我的事業有無可取代的重要性，所以有一年他們除了固定薪酬之外，還多領到一百萬美元。此外還有不少人在公司晉升至更高薪的職位後，得到自行創業的機會。

希爾：難道您不能用更便宜的價格，讓那些年收入多出一百萬的人為您服務嗎？

卡內基：我當然可以用更低廉的薪資得到那些人的服務，但你得記住，「付出比得到的更多」這個原則適用於員工，同樣也適用於雇主。因此，雇主根據員工付出的努力給薪，就和員工付出的努力比他所得到的薪資更高，都是一樣有智慧的做法。支付查爾斯．舒瓦伯應得的薪資，我才不會失去這個人才。

It aids one in the development of self-reliance.

發展自立能力對自己會有幫助。

希爾：您說員工付出更多努力，您也因此付出更高的薪資。那他們該怎麼做才能提供比薪資更多的服務？這麼說似乎有點矛盾。

卡內基：你和很多人一樣都誤會了，因為你們不了解「加倍努力」這樣的習慣——看似矛盾，其實是個幻覺；但我很高興你問了這個問題，因為我就可以現在告訴你。我根據員工加倍努力支付報酬，有時候必須付出一大筆錢，但你忽略了一件重要的事，他們必須先付出更多的努力，讓自己變得無可取代，我才會付給他們更多錢。

大部分的人都忽略了，除非人們開始付出更多的努力，否則他們沒有資格得到更多的報酬，因為他們已經得到既定應得的報酬了。

我想，以農夫為例可以解釋得更清楚，農夫收成之前，他必須先小心、聰明地整地、犁田、或許還要施肥，然後開始播種。

此時他的辛勞還沒有得到回報，但是他了解農作物生長的法則，他辛苦工作完後休息，大自然讓種子發芽、給他農作物。

在這個故事中，時間的因素影響了農夫的勞作。時間一到，大自然就會以大量的農作物回報他播下的種子、他付出的辛勞和他應用的知識。如果他在整地好的土壤中播下一桶小麥，他就會得到一桶小麥的種子和大約十袋的小麥。

收益遞增法則回報農夫和他的才智，如果沒有這樣的法則，人類就不可能生存在地球上，因為如果種一袋小麥只會收回一袋小麥，那就沒有必要種植了。正是因為大自然透過收益遞增法則這樣的超額產出，人類才能從土地中生產出足以餵養自己和動物的食物。

所以很容易想像，如果有人提供高於他所得報酬的服務，他也會受惠於同樣的法則。

現今社會的一大問題在於，有些人試著反轉這個規則，想要收取比自己提供服務價值更高的費用。有些人想要減少工時、提高薪資。這種方法不可能無止境的下去。

當人們收取的報酬比他們提供的服務價值還要高時，最終一定會耗盡自己的收入來源，接下來就麻煩了。

我要你清楚地了解這一點，因為如果不改善付出低勞力卻想要得到高報酬的情況，注定會摧毀美國的工業體系。靠勞力為生的人就是必須改善這種情況的人，因為只有這些人才能採取行動導正這種錯誤的行為。

請千萬不要誤會我的意思，我並不是要貶低賺取微薄日薪的人，事實上，我正是想要幫助勞力工作者，給予他們正確的觀念，將正確的因果關係哲學用在推廣他們的服務上。

希爾：卡內基先生，請您看看我是否理解正確，您相信雇主如果沒有給付員工應得的報酬是不智之舉，因為這樣的話員工就不會做他該做的事。根據您的說法，我得到的結論是，您針對這個主題所得到的推論，是根據您對於健全的經濟和收益遞增法則的理解。

卡內基：你說得一點也沒錯，恭喜你，因為大部分的人似乎從來不了解，養成加倍努力的習慣能得到多大的好處。

我常常聽勞工朋友說：「這不是我的工作」或「這不是我的責任」，還有「又沒人付錢給我，我死也不要做」，大家都聽過這種話。

當你聽到有人說這種話時，就可以確定他永遠只能混口飯吃。此外，這種「心態」會讓他討人厭，也得不到自我提升的機會。

當我在尋找適合的經理人時，第一個特質便是正向、隨和的心態。你可能會問，我為何不是先找有能力做這個工作的人呢？原因是這樣的：負面心態的人會破壞同事之間和諧的關係，這種人會造成組織的分崩離析，沒有哪個經理人會想處理這種事。此外，心態正確的人通常很樂於學習，工作相關的能力可以等到職之後再來培養。

查爾斯·舒瓦伯剛開始為我工作時，看起來似乎只擁有一般勞工的技能。但是查爾斯的心態非常正確，而且個性非常隨和，和各階層的人都能成為朋友。

他也樂於多付出一點，這個特質在工作上尤其明顯。他不只會多付出一點，他會多付出很多，不只是心態正確，連臉上都帶著笑容。

不論指派什麼工作給他，他都會很快著手開始工作，然後得到豐碩的成果。他樂於接手困難的工作，就像飢餓的人樂於吃眼前的食物一樣。

遇到這樣的人，當老闆的該怎麼做呢？當然是放手讓他去盡情的嘗試。他的心態能引發信心，也能吸引很多機會，而那些動不動就皺眉頭、心不甘情不願的人是得不到這種機會的。

說實話，像他這樣的人是攔也攔不住的。他能決定自己的身價，人人都會願意付錢給他。如果雇主短視近利不願意認可這樣的人、給他合理的薪資，很快就會有其他聰明的雇主發掘他、給他更好的工作。因此，供需法則會讓這樣的人得

If a man rendered only as much service as he is paid to render, then he would have no logical reason to expect or demand more than the fair value of that service.

如果一個人領多少錢就做多少事，

他就沒有理由要求更多。

到適當的獎勵，雇主也阻止不了。是否有進取心，完全是員工自己決定的。

而且，多付出一點的智慧不只適用於雇主和員工之間的關係。同樣的原則也適用於專業人士、任何服務業從業人員。

秤糖的重量時，將天平稍為傾斜讓顧客少付一點的商人，比起在糖裡摻雜質增重的商人來得有智慧。

比起每一分錢都要斤斤計較的商人，給顧客「去尾數、去零頭」優惠的商人，雖然少賺了幾分錢，但絕對是聰明的。我認識一些商人因為這種錙銖必計的習慣，一年損失價值數百美元的生意。

一個小商人，在匹茲堡附近的莫農加拉河谷區，揹著比他本人體重還要重的背包，沿街叫賣背包裡的雜貨。

當小販賣出貨物時，他通常會順便贈送一些小東西，以表示對顧客的感激。雖然禮物的價值不高，但因為他的心態很好，所以顧客總是會向鄰居介紹這個客氣的小販，讓他得到了花錢也買不到的免費宣傳。

不久後，這個小販不再出現在他平常販賣的路線。顧客開始到處問，那個「揹著大背包的小傢伙」發生了什麼事。

幾個月後，那個小傢伙又出現了。這一次他沒揹著背包，他是來告訴顧客，他在匹茲堡開了一間店。

那間店現在是匹茲堡最大、生意最好的店：霍恩百貨公司，老闆就是那個「揹著大背包的小傢伙」，有些人說他是「有善心和聰明腦袋的小傢伙」。

人們看到事業有成的人會說「真是好運」，但卻常常忽略了他們的「好運」從何而來，如果我們仔細研究就會發現，正是因為他們養成「加倍努力」的習慣，就像「揹著大背包的小傢伙」那樣。

我常常聽到有人說查爾斯．舒瓦伯「交好運」，因為老頭子卡內基喜歡他、提拔他。但事實是，查爾斯是自己提拔自己的，我只不過是放手讓他去做而已。

他的「好運」是因為自己的積極主動所創造的。

你在描述成功之道的這個原則時，一定要強調我剛才說的話，因為只有這個原則絕對可以影響生命之輪的運作，讓它產生好運、抵銷壞運。當你向世人介紹成功之道時，一定要告訴他們如何利用加倍努力的原則，讓他們變得無可取代。同時還要解釋，「補償法則」就是透過這個方式幫助人們實現成功。

我總是覺得很可惜，愛默生沒有在他的〈補償〉論文中解釋得更清楚，加倍努力、做得更好一點的習慣能讓「補償法則」幫助人們[20]。

希爾：您是否認識哪個沒有加倍努力的習慣，卻事業有成的人呢？

卡內基：不管從事任何工作或事業，我不知道有哪個成功的人是不遵守這個習慣的——不論是有意或無意。研究任何工作中的成功人士，你很快就會發現，他絕對不會是個朝九晚五的人。

如果仔細研究那些下班時間一到就急著收工的人，你很快就會發現，他們只能賺取微薄的收入。只要你能找到例外，我馬上開一張一千美元的支票給你，但對方必須讓我拍張照片。

這種人極為罕見，我想要把他的相片留在博物館裡，讓眾人看看。成功的人不會尋找短工時、輕鬆的工作，因為真正成功的人都知道沒有這種事。成功的人總是在想辦法增加工作天數。

希爾：您個人也總是遵守多付出一點的習慣嗎，卡內基先生？

卡內基：如果我沒有這種習慣，我想我現在只會像當年一樣，是個賺取日薪的小員工，你也不會來採訪我，向我學習成功之道了。

如果你問我哪一些成功之道對我的幫助最大，我得說是「加倍努力」，但是

---

20 譯註：美國哲學家愛默生提出「補償原則」(Principle of Compensation)，他認為每個人都像是人際宇宙中的小宇宙(microcosm)，如果一個人缺乏某項才能時，上天必定會在其他方面賦予他特別的才華，而當他某方面特別傑出時，其他方面也必然會有所欠缺。

你不能因此就認為成功只要靠這個原則就夠了。成功之道還有其他原則，事業有成且持續成功的人，一定是運用了其中的幾個原則。

現在我們來談談結合「明確的目標」和「加倍努力」。在加倍努力時，人們應該要有明確的終極目標，我認為在實現明確的目標前，沒有理由不加倍努力以影響命運之輪的運作。

如果有人只是為了方便而養成這樣的習慣呢？每個人都有權用任何合法的方式提升自己，尤其是能讓他人滿意又受惠的方式。

沒有人能合理地反對「加倍努力」的習慣。任何人都可以主動養成這種習慣，不需要其他人的允許。如果賣方提供更多優惠，沒有一個買方會反對。如果提供服務的人以友善、親切的態度提供服務，顧客也不會反對。這些都是從事服務業的人所能做的。

希爾：缺乏教育的人只能接受一般勞工能做的工作，又該怎麼辦呢？您認為

If you do not render more services than that for which you are paid, you are already getting all you're worth, and you've no right to ask for more.

如果你沒有付出多一點，

那你就只有得到你應得的，沒有資格要求更多。

這樣的人和受過教育的人能有相同的機會嗎？

卡內基：我很高興你問了這個問題，因為我想導正人們對於教育程度的錯誤觀念。

首先我要說，「教育」（educate）和許多人認為的不同，它的拉丁文字根educare意思是「推斷、引導出、發展出」。受過教育的人能掌控並發展自己的思想，透過組織自己的思想，找到解決日常生活問題的方法。

有些人相信，教育就是獲得知識，但教育真正的意思是，**學習如何運用知識**。我認識許多學富五車卻不懂得善用知識賺錢的人。

人們常犯的另一個錯誤，就是相信上學等於受教育。學校可以讓人獲得知識、累積許多有用的資訊，但光是學校是無法造就獲得良好教育的人。我們是在發展與利用知識的過程中，讓自己獲得教育，沒有別的辦法可以讓人獲得教育。

以愛迪生為例，他只在學校接受了短短的三個月的教育，同時，也不是很好的學習過程。他真正的學習是來自經驗，他從經驗中學到如何掌控、利用自己的思想，因而成為這個時代知識最豐富的人。

他在發明工作中所需的技術性知識，都是透過「智囊團原則」向他人學習而得到的。他的工作需要化學、物理、數學和許多其他科學知識，都不是他靠自己理解而得到，但因為他是「獲得良好教育的人」，他知道該如何得到工作所需要的重要知識。

所以，別再相信教育等同於知識了！在有需要的時候知道如何取得知識的人，比學富五車卻不會應用的人還更有學識。

這個老套的藉口還有另一種說法，有些人說他沒有機會接受教育。事實上，教育在美國是免費的，而且機會很多，任何人只要願意也可以去念夜校。我們還有函授學校能讓人以低廉的費用學習任何知識。

有些人說自己會失敗是因為他沒受過教育，我根本懶得聽，因為我知道，真正想學習的人就會去學。「沒上過學」這種說法的謬誤在於，大部分的情況下只是**懶惰**或**沒有抱負的藉口**罷了。

我所受過的學校教育不多，起初我的事業也和所有勞工階級一樣，沒有人「拉我一把」、沒有人特別照顧我、沒有「富爸爸」一路上幫助我，也沒有人啟發我要提升自己的經濟狀況。提升自我完全是我自己的想法。

此外，我覺得這件事其實相對很簡單，主要是我掌控並利用自己的思想，且懷有明確的目標，「我不喜歡貧困的生活，所以我拒絕繼續當個窮小子。」我對這件事的心態是決定性的因素，幫助我擊退貧窮、走向財富。我可以誠實地告訴你，我雇用過幾千個人，只要他們也想擺脫貧困，我知道他們每個人都能辦到，甚至超越我。

希爾：您對教育的分析很有趣、也很有啟發性，卡內基先生，我一定會在成功之道中加入這一段，因為我肯定很多人對於「上學」和「教育」兩者的關係有誤解。如果我的理解沒錯，您相信教育很大一部分是來自實際操作，而不只是獲得知識，是這樣的嗎？

卡內基：一點也沒錯！我手下有些員工受過大學教育，但其中有不少人都認為大學的訓練並非事業成功的主要因素。結合大學的訓練和實際經驗的人，很快就能成為真正受過良好教育的人，只要他們別高估學歷而低估實務經驗就行。

現在該是時候告訴你，我雇用過的大學畢業生，如果他們養成習慣加倍努力，通常很快就會晉升至更重要、薪水更高的職位。而不在乎這個原則的人，在職場上的進步就和沒有大學學歷的人一樣。

希爾：您是指，大學教育的重要性相對不如「加倍努力」的習慣嗎？

卡內基：是的，可以這麼說。但是我觀察到，受過大學教育又養成加倍努力習慣的人，比沒有上過大學但有加倍努力習慣的人，前者晉升的速度會比較快。因此我得出一個結論：上過大學的人，在思考時會比較有條理、有紀律，而沒有受過大學教育的人，通常就不會這樣條理分明。

希爾：卡內基先生，您的智囊團成員大多數都有大學學歷嗎？

卡內基：沒有，大約三分之二的成員沒有上過大學。而且從他們為我做過的事來看，我認為其中一位對我的幫助最大，而他甚至連小學都沒畢業。有意思的是，正是因為他養成「加倍努力」的習慣，所以對我來說他最有價值。

我會這麼說是因為他似乎為我的「智囊團」定調。此外，我的員工有很多人受到他的心態影響、也跟著養成「加倍努力」的習慣，因此也讓自己晉升至薪水更高、責任更重的職位。

希爾：您有採取明確的方法讓所有的員工知道，「加倍努力」可能獲得的好處嗎？

卡內基：我們沒有採取直接的方式，但消息會在公司裡傳開，那些晉升至較高職位的人都有加倍努力的習慣。我經常想，我們應該採取更直接的方法教員工要加倍努力，但我們擔心這麼做會被人誤以為我們要壓榨勞工。

因為大部分的勞工不相信雇主會想要幫助勞工。也許聰明的人會找到辦法，讓雇主取得員工的信任並說服他們，讓雇主和員工都養成加倍努力的好習慣。

當然，當員工了解並應用這個原則時，這個法則是雙向適用的。完全是由員工所決定的，員工可以自發性地加倍努力，不需要事先徵求雇主的同意。聰明的員工會發現並自願應用這個原則！

我的智囊團裡所有人都是先自發性地加倍努力，而晉升至我的「智囊團」中。說實話，有這種習慣的人很快就會在公司裡變得無可取代，因此能讓自己的薪水更高、可以選擇想要的工作。雇主必須配合判斷力好、願意加倍努力的員工。

希爾：卡內基先生，但是有些雇主會自私地拒絕承認和獎勵加倍努力的員工，不是嗎？

卡內基：的確有些雇主很短視近利，不願意獎勵這樣的員工，但你必須記住，養成加倍努力習慣的人非常少，有很多雇主會很樂意爭取他的服務。

有些人有良好的判斷力，知道加倍努力的好處，也就會知道所有的雇主都渴望尋找這樣的員工，即使不知道也沒有刻意這麼做，其他雇主也會很快注意到加倍努力的人。

舉例來說，查爾斯．舒瓦伯並不是自己找上我——就我所知不是，然後說「你好，我付出的努力比我的所得還多」，而是我發掘他的，因為我就是在找有這種心態的人。

要成功地經營大規模的公司，需要大量的人員全心全力投入他們的專長。因此我總是在尋找這樣的人，當我找到時，我會密切地觀察他，以確保他的習慣是一致的。事實是，所有事業有成的雇主都會這麼做。所以他們才會這麼成功。

不論是雇主還是員工，他的社會地位完全是由他所提供服務的質與量，還有他對待其他人的心態來決定的。愛默生曾說：「放手去做，你就會得到力量。」

他說的真是一點也沒錯。

此外，這還適用於所有職業、所有人際關係。很多人說透過別人「拉你一把」就可以得到好工作，其實很不合理。因為就算有人拉你一把，你也得「推自己一把」，你投入的努力愈多，就能升得愈高。

我聽說過一些年輕人因為靠關係或別的原因，得到超越他們資格與能力的職務。但我很少聽說這些人善用他們不勞而獲的優勢，我所知的少數例外，正是因為他們養成了在工作中加倍努力的習慣。

希爾：那非受薪階級又如何呢？小商店老闆或是醫生、律師？他們該如何透過「加倍努力」的習慣提升自己？

卡內基：這個法則不只適用於受薪階級，也適用於自雇者。事實上，沒有養成加倍努力習慣的老闆，無法把事業做大，而且經常會失敗。成功的人會有一個要素，那就是「信譽」，沒有信譽的人不論從事什麼工作，就算有點成就也不值得一提。

建立信譽最好的方法，就是比別人預期的多付出一點、做得好一點。以正確心態為別人多付出一點的人，肯定可以培養忠實顧客。此外，顧客也會向朋友推薦他，收益遞增法則就會讓他獲益。

商人不一定要送顧客小東西，但他可以用禮貌客氣的服務和顧客建立關係，以確保顧客日後持續光臨。

你看，信譽和信心是各行各業成功的要素。沒有信譽和信心的人，就只能平庸一輩子。要打造良好的人際關係，沒有比加倍努力更好的方式了。這是人們可以採取行動以自我提升的方式之一，整體而言，這是一種服務的形式，可以利用自己的空閒時間做，否則空閒時間也只是無所事事。

我可以舉一個例子清楚地說明。幾年前，有位警察注意到有一間小商鋪很晚了還亮著燈，但他知道這間店沒有夜班工作。他覺得很可疑，所以打電話給店老闆，老闆馬上下樓、開門，警察拿著槍和老闆小心翼翼地溜進店裡。當他們走近燈亮著的小房間，往裡面一看，驚訝地發現其中一位員工正在忙著操作機器。

年輕人抬起頭看到老闆和警察拿槍指著他，他急忙解釋，他習慣在晚上回到店裡，因為他想學習如何操作機器，讓自己更有用。

我看到一小則新聞報導這件事，新聞的篇幅不大，把事件描述成一個笑話，但我覺得可笑的是那個老闆。我派人把那位年輕人找來、和他談了幾分鐘，然後就以他原本薪水的兩倍雇用了他。現在他是我們最重要工廠營運部門的主管，目前的薪水是我發掘他時的四倍。

但故事還沒結束。這位年輕人正邁向更高的職位，如果他繼續保持這樣的心態，他可能會坐上工廠廠長的位子，或甚至自己開店當老闆。

我告訴你，沒有人能壓抑那些用自己的時間提供更多、更好服務的人。他們在工作上會馬上成為頂尖人物，就像軟木塞在水裡會馬上浮上來一樣。

Every man gravitates to where he belongs in life,

just as surely as water seeks and finds its level!

每個人都會被自己天命歸屬所吸引，

正如水會往低處流！

我參加一個總共有兩百多位會員的俱樂部，大部分人在自己的專業領域都事業有成。幾周前，其中一位會員舉辦宴會而我是演說嘉賓。我想要談談成功之道這個主題，所以我寫了一張成功之道的清單，放在每個人的盤子上。在我演說時，請每個人按照這些原則的重要性編號。

毫不意外地發現，超過三分之二的出席者將「加倍努力」列為清單之首。分析任何事業有成的人，你就會發現，他有加倍努力的習慣，但他可能自己都沒有發現。

希爾：卡內基先生，如果員工提供更多、更好的服務，但卻發現雇主沒有發現他的努力，該怎麼辦呢？他應該繼續努力也不要求加薪，還是他應該向雇主提出這件事，並直接要求適當的回報？

卡內基：每一個事業有成的人都是有能力的業務員。別忘了這一點！每個人都有權付出更多努力，當然也有責任行銷他的服務以得到最大利益。如果他付出的比獲得的更多，那他就有理由要求更高的回報。

事實上，除非他能證明自己付出的努力比他得到的報酬更高，否則他就沒有充分的理由要求加薪。

我看過有些人要求升職或加薪，但卻沒有提出任何恰當的理由。我記得有個人來我辦公室要求加薪，因為他比另一個做類似工作的人還要資深，但卻沒有得到更高的薪資。

我的反應是，請人把這兩個人的紀錄找出來給我，結果發現比起要求加薪的人，資淺的人做更多、更好的工作。結果我問他，如果他是我會怎麼做。他回答，他會和我一樣——什麼也不做。

然而，在同樣的情況下，並非人人都像他一樣理性。有許多人認為，只因為自己資深就有資格領取更高的薪資。

顯然服務和商品的交易買賣是一樣的。買方無法支出大於購入的價值，否則

When you run out of something to do, try your hand at writing down a list of all the reasons why the world needs you. The experiment may surprise you.

當你沒事做時，試著列一張清單，寫下世人需要你的理由。結果可能會令你驚訝。

就無法繼續做生意。

供需法則也會有影響，而且會成為決定個人服務價格的要素，就和商品的採購和販售一樣。提供服務的人要和其他提供類似服務的人競爭。當市場達到飽和時，售價自然就會下降。

希爾：如果競爭對手願意用比自己想要或需要還更低的價格競爭時，該怎麼辦呢？我們該如何面對這樣的競爭？

卡內基：他可以提供比競爭對手更好的產品，只有這個辦法，再怎麼有權勢的人也無法改變這一點。

他也可以用另一種方法，也就是用正確的心態提供服務。除此之外，只剩下一個辦法可以行銷個人服務以獲利，那就是專精於競爭對手不那麼在乎的某個領域，創造個人優勢。

這可能表示你得轉行，不過，我認識很多有抱負的人也都曾轉行。如果工作的所得無法滿足一個人的需要，他就只能換一個收入較高的領域。

關於這件事，我想提醒你有一個受薪階級常犯的錯誤，那就是分不清個人的財務需求與薪資要求。我知道有些人揮霍無度、家庭入不敷出，而他們設法解決問題的方式就是要求更高的薪資，但他們的收入已經是他們所提供服務的上限了。

我認為整體而言，美國工業界的雇主和勞工都是很公平理性的。沒有一個正常的雇主會花錢購入不值得的服務，也沒有正常的員工會預期或要求比他所提供服務的價值更高的薪資。但是不論是雇主或是員工，似乎都有人不知道該如何達到公平的薪資。

希爾：說到雇主與員工的關係，卡內基先生，我以為您指的是廣義的關係，您提到所有的人際關係都是買賣關係，例如，若是專業人士與客戶的關係，這個「薪資」就是固定的費用，若是商人與顧客的關係，「薪資」就是指商品的獲利。

卡內基：沒錯，但你可能將勞雇關係延伸至所有的服務關係。加倍努力習慣適用於單純的朋友關係，一個人提供另一人服務，完全沒有收取金錢的打算，提供服務的目的只是想要維持友誼。

這個原則也可以有效地應用在家庭關係中，一位家庭成員為其他成員提供的服務就是家庭責任。正如所有其他人際關係一樣，加倍努力是有好處的，更重要的是，用正確的心態提供服務。有半數的家庭紛爭，可以透過加倍努力習慣以及和氣的態度來解決。

希爾：根據您所說的，我的結論是，加倍努力習慣可以應用於所有的人際關係。

卡內基：沒錯，即使只是點頭之交也適用這個道理，因為沒有服務也沒有義務關係。有些情況下，只是陌生人之間客氣地打個招呼。

此處我要強調的是，提供服務卻不求報酬也不期望直接的金錢回報，通常才是回報最高的服務，因為提供免費的服務所建立起的友誼，與收費提供服務無法相比的！透過不論是報復原則或是回報原則，人們會以某種方式表達他們對別人的感激，也肯定會對別人造成的傷害表現憤恨。

回報可能只是說些客氣話這種無形的回報，而報復也可能只是在路上相遇時不和對方說話，但是兩者都會有很廣而且很嚴重的後續影響。

我要再進一步解釋這個意思，不只是用語言表達或是不表達感激可以改變人們之間的關係，說話的語調也可能讓人成為朋友或敵人。

我認識一個事業有成的商人，他對員工說話總是小心翼翼地修正語調，讓自己聽起來很友好。為了注意語調，他和任何人說話總是會控制自己的聲音，以傳達他想要傳達的感覺。

他不只是在說話時注入和善的語調，我還發現，當他在下指令時，他總是問員工「你能不能做這件事或那件事」，而不是直接要求對方做。結果非常驚人。

我常想，各行各業的人如果想要別人友善地配合，為何不養成習慣客氣地請求別人配合，而不是直接粗魯地要求。

如果家庭成員能以和善的口吻請求家人幫忙，而不是直接要求對方聽話，這樣不是很好嗎？我有個鄰居從來不會命令孩子，如果他想要孩子做某件事，他會調整自己的語氣讓自己聽起來很親切，以問句的方式傳達他想要對方做的事：「麻煩你幫忙做這件事，好嗎？」或是「請你別這樣做，好嗎？」

結果立即又有效。他的孩子也以同樣親切的語調回應，顯示孩子很樂意配合。

還有一個例子說明回報原則如何運作。不論是商業、社交或是家庭關係，養成「加倍努力」的習慣會有很好的回報。令人驚訝的是，密切觀察會發現，在各種人際關係中，「加倍努力」都可以讓人直接受益。

希爾：卡內基先生，您已經清楚地描述「加倍努力」的好處。能不能請您摘要說明，如何以最實際的方式養成這種習慣呢？

卡內基：關於這一點，就和成功之道的所有其他原則一樣，唯有練習才能臻至完美。「習慣」的意涵就是重複一個想法、文字或行為。任何習慣都是這樣養成的。

若要更明確地回答你的問題，我建議要養成「加倍努力」的習慣，最好的方法就是**在所有人際關係中都要多付出一點**。

你可以從在家裡和家庭成員開始。大部分的家庭都應該多練習以養成習慣。接著你可以為每天都會往來的同事多付出一點，這麼做可能會讓你獲益良多。

如果對陌生人也能多付出一點，或許是客氣的言語和禮貌的舉止，就算未必能直接受惠，也會有很大的幫助。我知道這樣客氣的舉止曾為一些人帶來很好的自我提升的機會。

如果你想把某件事辦成、辦好，就去找很忙碌卻還能安排時間應付緊急情況的人。

最後，如果你刻意養成和任何人相處都持續著「加倍努力」的習慣，多付出一點，就不會有誤會，也不會錯失提升自己的機會。

加倍努力習慣的重要性不言可喻。若只是因為暫時對自己有利，才這麼做是不夠的。很明顯的，多付出一點能帶來許多的好處，已經養成習慣的人卻能發現機會，這種習慣可以創造以前不曾有過的機會。偶爾為之的人會錯過了自我提升的機會，卻不自覺。

奇特的是，所有習慣都會引發相關的習慣。加倍努力的習慣能幫助你發展出進取心、堅毅、熱情、想像力、自制力、明確的目標、自立能力、有魅力的性格，以及許多成功的特質，包括對人真誠的態度。

所以，多付出一點有很多好處，只有粗淺的分析是看不到的。我會強調這一點是因為一般人可能會誤判這個習慣的重要性。聽起來很基本，但所有人都該記住一點，所有的大事都是由小事累積而成的。

導向成功的行為和導致失敗的行為，兩者間的差異非常微小不易察覺，只有非常仔細觀察和分析人際關係環境的人才會發現。

最重要的是要記住，所有的成功都是由我們對待他人的方式而決定。因此，人際關係是人生最重要的主題，這會影響我們成為「自己命運的主宰」，或是失敗而被遺忘。

人們之所以會失敗，是因為既定的成功法則會操弄、引導、影響和控制人際關係。如果成功法則與人際關係沒有因果關係，就沒有必要在成功之道裡介紹這一點了。

除了能得到上述好處，加倍努力的習慣能給人一種幸福感，這種感覺本身就是一種補償。

我認識有這種習慣的人，幾乎都是樂觀而快樂的人！每天習慣為許多人多付出一點的人，幾乎不可能有愛抱怨或悲觀的心態。

培養「加倍努力」習慣的另一個有效方法就是，仔細地分析和研究有這個習慣和沒有這個習慣的人，比較這兩種人的成就。每天觀察他們一個月就夠了，你就會發現並相信，自願而且樂意多付出一點的人，能得到的機會多得驚人。

希爾：我的結論是「多付出一點」其實不是正確的說法，因為廣義地來說，我們不可能付出得比自己得到的還要多。您是這樣想的嗎？卡內基先生。

卡內基：我正在期待你會不會自己發現這一點！你說得沒錯，有建設性的勞動力都會得到某種程度的回報，廣義地來說的確不可能「做得比得到的還要多」。我們就來看看，「多付出一點」能得到什麼樣的好處。比較實用的回報包括：

一、「加倍努力」的習慣能讓人受惠於「收益遞增法則」，可能的形式太多無法在此一一詳述。

二、這種習慣讓人能受惠於「補償法則」，任何行動都會有相對等的回應。

三、在培養習慣的過程中得到心靈的成長、技巧的提升。（透過系統性的練習付出不求回報，讓身心都得到成長。）

四、讓人發展出重要的進取心，沒有進取心，不論從事任何工作都無法擺脫平庸。

五、發展自立能力，這也是成功之道不可或缺的能力。

六、讓人受惠於對照法則，因為絕大多數的人沒有多付出一點的習慣。相反地，人們會試著做最少的事——混日子。

七、能幫助人們戰勝漫無目的、渾渾噩噩，免於邁向失敗。

八、絕對有助於發展「明確的目標」，這是成功之道的首要原則。

九、對發展個人魅力有明確的幫助，能獲得他人友善地合作。

十、使個人在人際關係中處於有利的情境，讓自己變得很重要，因此能決定自己服務的價格。

十一、能保障持續就業，避免匱乏。

十二、這是目前已知最好的方法，受薪階級可以藉此提升自己至較高的職位、更高的薪水，或是能創業擁有自己的公司或企業。

十三、能強化人的想像力和感官，藉此產生實現目標的計畫。

十四、發展在所有人際關係中都很重要的正面「心態」。

十五、讓人對你的正直和能力產生信心，如果你想在工作中獲得成功，這都是不可或缺的。

十六、最後，這是你可以自己辦到的，你不需要請求任何人的同意就可以這麼做。

比較這十六種明確的好處和勉強溫飽的差別，你就會得到一個重要的結論：養成多付出一點的習慣所得到的好處實在太多了。

比較完後證實了你的說法，我們是不可能付出的比得到的還要多，而且還有一個很明顯的原因，光是多付出一點，我們所能得到的力量可以轉換成任何想要的東西。

以上的分析，也讓愛默生的話「放手去做，你就會得到力量」變得更有意義。

仔細遵守上述分析的人就會發現，我們不可能做的比得到的還要多。報酬包括在提供服務時學會的自律和得到自我成長，以及透過經濟補償的形式獲得的實質成果。

希爾：您對於多付出一點習慣的分析顯示，這是成功之道「必要的」習慣。卡內基先生，能否請您描述在您做生意的經驗中，因為這個習慣而受惠的情形？

卡內基：這要求可不容易辦到。首先，我得給你一個比較籠統的答案，我所有的財富和生意上的優勢，也許可以說是因為我有多付出一點的習慣，但是我可以告訴你一個明確的例子，說明我所得到最好的機會。

我會提到這個經驗，因為這是我一生中最戲劇性的事件之一。我甚至為了多付出一點而冒了很大的風險——除非你很清楚知道自己在做對的事，否則絕對不要冒這種險——即使如此，在大部分情況下，冒險也可能會對自我提升的機會造成嚴重的傷害。

在我年輕的時候，我自願運用晚上時間研究電報學，學會有效率地操作發電報的按鍵，沒有人付我薪水，也沒有人要求我去學。而我努力得到的回報，就是吸引了位在匹茲堡的賓夕法尼亞鐵路公司（Pennsylvania Railroad）部門主管湯瑪士．史考特（Thomas Scott）的注意，讓我得到擔任他的私人電報員和辦事員的機會。

有一天早上，我比所有人都早到辦公室，突然間，我發現一場嚴重的火車事故讓整條火車線路都卡住了，整個部門都亂成一團。

當我走進史考特先生的辦公室，派遣員急著打電話給他，所以我接下電報按鈕，試著打電話給他，但他太太說他已經出門了。我當時面臨的是爆炸性的事件，如果處理得不好，就會毀了我在賓夕法尼亞鐵路公司的機會，但如果我**什麼**

也不做，同樣會毀了我的機會。

我很清楚如果長官在場會怎麼做，也知道在這麼重大的緊急事件中，如果我冒險代替他採取行動，他可能會怎麼處置我。

但是時間很急迫，所以我以他的名義發出命令，更改火車的路線、紓解混亂。

當長官抵達時，我在他的桌上放了一份報告說明我所做的事，同時還附上我的辭呈。我違反了鐵路公司最嚴格的規定，所以我為了保全長官的顏面，自請懲罰。

兩小時後我收到決議。我的辭呈被退回來了，上面是長官親筆寫的「不接受辭呈」。

幾天後他才再度提到這件事，雖然他提起這件事、以他的方式討論、駁回辭呈，卻沒有因為我違反規定而責備我或稱讚我。他只是說：「這世上有兩種人永遠不會有成就。一種是無法把指定的工作做好，另一種是只會聽令辦事。」然後這個話題就這麼結束了，我想這表示他認為我不是這兩種人。

每個年輕人都應該多做一些沒有人要求他做的事，但同時也要非常小心，就像我當時的情況一樣。最重要的是，他必須知道這麼做是對的，但也可能會因此面臨困境。

在紐約有一位經紀商的機要祕書，因為判斷力不佳——雖然他是好意地要多做一些事，結果卻導致他失去工作。

他的上司進行年度休假，把一些基金交給他管理，他本來應該在明確的時間、以明確的方式把錢投資在股市裡，但是他沒有遵照指示辦事，而是以不同的方式進行投資。

他用不同方式所賺的錢，比原本投資在股票上能賺的錢還要多很多，但是雇主卻認為這位年輕人違反明確的指示而認定他缺乏判斷力，並且認為未來如果發生災難性的事件，他可能還會再違反上級的指示。結果他就被解雇了。

It is more profitable to be for something than

it is to be against something.

因為支持某件事，總是比反對某件事更有利可圖。

所以我要強調，在你為了多付出一點努力而違規之前，先確定你做的是對的事，而且還要確定可能會開除你的人和你的關係如何。良好的判斷力是別的特質所無法取代的，要積極、堅毅、明確，但在判斷情況時也要小心。

希爾：卡內基先生，能不能請您解釋一下，在冒了這麼大的風險，違反鐵路公司的嚴格規定、做了未獲授權的事之後，您得到了什麼好處？您認為這些好處是否表示您的冒險是值得的？

卡內基：我最好的答案就是：那次大膽的行動讓我不只吸引到鐵路官員的注意，還讓更多人注意到我，在我後來從事鋼鐵業時，有些人提供資金給我，成為我最大的幫助。然而我當時越權處理火車路線的問題時，事先並沒有想到這一點。

當時的情況不只讓人注意到我，也讓我有機會證明該打破規矩時，我敢這麼做，顯示了我有很好的判斷力。如果我的判斷力不佳，那麼我做的事就不會讓對我有幫助的人注意到我，當然我也會被鐵路公司解雇。

多年之後，當我邀請一群投資人資助我的第一間鋼鐵廠時，就是湯瑪士・史考特說服其他人投資我的公司絕對是明智之舉。他說那個鐵路事故證明了在發生商業緊急事件時，我是個有能力而且可靠的人。

如果再次發生同樣的事，我還是會這麼做。無法運用好的判斷力處理緊急事件的人，永遠無法在任何事業成為無可取代的人，因為任何事業都沒有不可打破的規矩——重點在於知道何時該打破規矩。

希爾：卡內基先生，您的政策是鼓勵員工自行運用判斷力做一些指令以外的事，這是運用多付出一點的原則嗎？

卡內基：每一個和我一起工作的人，不論職位高低，他們都知道可以根據自己的判斷力，主動做他們願意做的事，而且我也鼓勵所有的員工這麼做，但我也要特別強調，當他們要做的事不是上級指示的工作，就非常需要良好的判斷力。

員工只要遵照指示工作，不論成功還是失敗，我都會挺他，但是如果他自行判斷做了非上級指示的事，還出了差錯，他就必須為錯誤承擔責任，否則會對雇主和員工造成毀滅性的傷害。如果毋需負責，便是間接鼓勵員工粗心大意。

希爾：卡內基先生，有沒有什麼情況是不適合多付出一點，或甚至會傷害某些人？

卡內基：要回答這個問題，首先要問一個問題：在提供個人服務的交易中，一個對買賣雙方都有利的習慣，怎麼會傷害任何人呢？這樣的交易中只有兩個人，因此我想不到有什麼情況會是對買賣雙方或對其他人不利。

希爾：我換個方式問好了，在提供服務時，當服務的提供者——也就是賣方，多付出一點時，是買方獲利多，還是賣方獲利比較多呢？

卡內基：整體而言，我認為沒有什麼交易是能滿足所有人的。但是以這個情況來說，賣方得到的利益比較多。我已經說過提供服務時「多付出一點」會有的十六個明確的好處，買方獲得的好處明顯較少。

當你知道「多付出一點」的習慣是所有自我提升的方式中最可靠的一種，能讓普通的勞工提升至有經濟保障的地位時，你不需要更多的證據就會知道這個習慣對員工比對雇主來說更重要。

希爾：如果您當時拒絕多付出一點，您認為您還是會像現在一樣成功嗎？有沒有別的政策可以取代「多付出一點」，還是可以達到一樣的結果？

卡內基：沒有什麼能取代「加倍努力」的習慣，不過，有些很聰明的人沒有養成這種習慣也想要成功。如果我不是在年輕的時候就養成多付出一點的習慣，就不可能提升自己的利益。

希爾：根據您的說法，您認為「多付出一點」的習慣比您先前推崇的「智囊團原則」，帶給您更大的幫助？

卡內基：沒錯。如果我沒有養成多付出一點的習慣，「智囊團」對我的幫助也不會那麼大。

如果你還記得我描述我和智囊團成員的關係，那你就會知道，我能從這些人身上得到好處，主要是因為我讓他們每個人都賺到更多錢。

你一定要記得，「加倍努力」是一種權利，不論是雇主和對員工都可以這麼做，而且這麼做對雙方都是有利的。從雇主的觀點來說，如果他能正確地理解「多付出一點」，並做得更多，他能得到的不只是他付出的薪酬，還能得到忠誠、可靠的員工。

希爾：這正是我想說的。根據您的分析，我們必然會得出一個結論，雇主和員工都能多付出一點，雙方都能因此受惠。想確定到底是雇主還是員工得到的好處比較多，就像討論到底是先有雞還是先有蛋一樣，並沒有什麼意義。

卡內基：你的分析很正確。不論你怎麼分析這個原則，最後都會得到一個結論，「加倍努力」對雇主和對員工都有好處。你也可以進一步說，這個原則對於雇主和員工所服務的對象也有利，其實也就是對社會大眾有利，不會有任何人因此受害。

另一方面，我也可以舉很多例子說明，因為雇主和員工都沒有加倍努力，對雙方以及他們服務的大眾造成無法彌補的傷害。但我就不提這些了，因為實在太明顯且眾所皆知。有些人認為自己之所以會失敗，是因為雇主拒絕支付他們自認應得的報酬，但知道了「加倍努力」的原則後，他們就會感到汗顏。

你也知道大部分失敗的人會犯一個錯誤，就是到處指責別人陷害他，卻不去檢討自己。這是人性，而我不打算提出改正的方式，因為就算告訴他們如何改正，他們也聽不進去。

我總是說，任何一個身心健全的人都沒有資格指責別人害他失敗。這裡是民主國家，任何人都有權提升自己的地位，可以肯定的是，大部分抱怨沒有機會的人，只不過是在為自己的冷漠、沒有抱負或懶惰找藉口罷了。

我個人的經驗和觀察都顯示美國到處充滿機會，而且資源豐富，任何身心健全的人，即便身分再卑微也都能得到經濟保障。更何況，我還認識許多身心障礙人士過著獨立自主的生活。

希爾：參加工會的人必須根據工會的規定而限制工作量，那該怎麼辦？他又該如何受惠於多付出一點的原則？

卡內基：我就知道你遲早會提出這個問題。既然你問了，我就坦誠地說出我的觀點吧。

首先，我要聲明的是，我相信勞工和任何其他團體一樣，有權組織合作談判，這一點是無庸置疑的。但是，他們結合眾人的力量，不論是為提供個人的服務還是為行銷商品進行合作談判，都不能因此忽略經濟和民眾的福祉。

不論是任何交易，投入多少就能得到多少，這是普世公認的經濟法則。好了，我的回答是，和其他人結盟並依規定限制自己提供的服務，以符合他所得到的報酬，因此他被迫只能接受有限的薪酬。即便他能領取工會所訂的最高薪酬，但他就只能領這麼多。沒有任何工會可以讓他更進一步，沒有工會領袖能確保他可以得到更多。

這時問題就變成了：他是否願意限制自己的生活方式以配合工會規定限制的薪酬。這就是每個人必須自己決定的事。

希爾：從您的事業成就看來，我猜您選擇不靠工會的保護而是靠自己，因為您想要得到比工會訂定更高的薪酬，對不對？

卡內基：正是如此。很多勞工邀請我加入工會，但都被我拒絕了，我比較想在公開市場上推銷我的服務，讓我能把握各種機會以累積財富，而不是靠工會的保護而被限制。我有權做這樣的選擇。

這種權利正是美國的政府體制的基石，我認為正是這樣的權利使美國成為最偉大的國家。除了美國，還有哪裡能讓沒有資金、沒有影響力、靠提供服務白手起家的人得到財富？

希爾：卡內基先生，如果法律規定所有的服務交易都要根據工會的規定，限制任何人能提供的服務量，會發生什麼事呢？這樣會是助力還是阻力？

卡內基：如果是這樣，就不會有自由的企業了。這麼做會限制個人在許多方面的自由，很快的，美國的自由就會淪為空話。我不認為美國人能接受別人剝奪我們決定自己命運的權利，因為我們已經建立了一種生活標準，一旦這種標準受到限制就無法維繫下去。

希爾：但是卡內基先生，如果法律規定薪資和工時，對窮人和富人不是都會有幫助嗎？這樣的法律難道不會將財富分配得更均衡嗎？

卡內基：根據我個人的觀察和做生意的實務經驗，以及我對人和法律的了解來回答你。

首先，關於窮人和弱者，我們說實話：

如果你仔細觀察大自然就會發現，大自然不會保護弱者，任何物種的弱者都會被消滅，大自然會保護強者，從最微小的昆蟲到人類皆然。適者生存法則已被廣泛承認，不必再多做證明。

對弱者和窮人最好的幫助，就是讓他們自己幫助自己。當我告訴你，我打算透過傳播成功之道，將我大部分的財富分配給眾人，因為我知道，累積財富知識的人就會吸引財富，正如水往下流一樣。

這一點在美國內戰期間就已經顯示了，當時政府給一群囚犯爭取自由的權利，只要他們願意加入聯邦軍（Union Army），並前往西部鎮壓印第安人造成的小規模衝突。許多人都接受了這個條件，他們預先支領了幾個月的薪酬。

其中一位當年的士官告訴我，軍隊開拔一週後，他們領的預付薪資就全都輸給了其中五、六個擁有好牌技的人。

如果把每一分錢都放在一起、將所有的錢平均分配給每一個人，也會發生同樣的事。在很短的時間內，錢就會回到有金錢意識的人手中，也就是那些懂得如何累積財富的人。

這就是我說的人性。不了解金錢如何運作的人，才會說要濟弱扶傾，要給窮人和弱者金錢而不求回報。我當然相信我們應該幫助弱者和貧者，否則我還是算人嗎？但是，我知道要一勞永逸的幫助人，唯一的方式就是幫助他自己解決問題。

此外，經驗告訴我，真正有志氣的人都想要擁有自己解決問題的能力。只有職業乞丐和好逸惡勞的人才會要別人給錢不求回報。這種人永遠也不會消失，但是把錢送給不懂得幫助自己的人，不能算是行善。

希爾：那麼您相信財富分配最好的方式，就是提供人們賺取財富的知識？

卡內基：這是唯一安全的方式。我還要提醒你一件和「財富」有關的事。你所說的「財富」包括了聰明地運用知識和國家的物質資源。物質資源早就存在這個國家，但是在印第安人的掌控下卻是一文不值，直到有受過實際教育的人接手、結合知識把資源變得具有金融價值。

這就是我對濟弱扶傾的想法！

還有一件事我想提出來，和濟弱扶傾一起談一談。這是一種無法失去、被偷走或揮霍殆盡的財富，知識和經驗所代表的財富是永恆的，不會因為銀行倒閉而減少、不會因恐慌而遭到破壞，無法被敗家子繼承和揮霍殆盡——而且繼承金錢正是最常見的自我毀滅方式。

給人金錢造成的傷害通常比好處還要多。但是給人「知識」永遠不會造成傷害，還能確保對方不會受到其他傷害。如果你不相信，可以仔細地研究許多富裕家庭長大的孩子，他們擁有的錢都不是自己賺來的。

關於賺錢，我還要再強調一件事。賺錢這件事通常會變成一種引人入勝的遊戲，給人感到自豪的成就感。它也會讓人發展出創造能力，讓人成為有能力的領導者因而增加國家的財富，在國家有緊急情況時帶來很大的優勢。

希爾：您相信人們可以抱持白手起家的精神，為自己創造機會嗎？

卡內基：我當然有理由相信。如果美國沒有這樣的精神，我們就不會有無數的大企業、開發天然資源。

正是詹姆斯．J．希爾的開創精神，透過大北方鐵路公司結合美國東西部。正是愛迪生的開拓精神，歷經上萬次的失敗，終於發明了完美的白熾燈泡，還有上百種實用的發明，為國家創造上億的財富，更不用說為成千上萬的人提供就業機會了。

正是這種開拓的精神，讓沃納梅克百貨和馬歇爾百貨[21]誕生。

正是這種開拓精神，讓自由的美國誕生。這些領導者都是被開拓的精神所驅動，不要求別人補助、不想要不勞而獲。

美國所有的大公司、大企業，都是因為某個人或一群人有這樣無所求的開拓精神，他們只要求自由的權利讓他們施展自己的抱負。

雖然他們大部分的人一開始都極為貧困，卻不因此要求幫助。

我很了解貧困和弱勢者。我剛來到美國時很貧窮，但我不是弱者，我的力量在於我想提供實用的服務以換取我應得的實質財富。

我很感激當時沒有人因為我是個「可憐的移民窮小子」就同情我。如果有人施捨我，我可能就會像有些人一樣，認為這是國家應該給我的。

因為我不是弱者，我知道國家不虧欠我，每位公民都有權利提供實用的服務以換取金錢報酬。

希爾：如果我的理解沒錯，卡內基先生，您相信任何不勞而獲的東西都會破壞一個人上進的動力，是嗎？

卡內基：沒錯，這正是我的想法，而且這是我和成千上萬的人往來的實際經驗。一個人最大的資產就是想要靠自己創造的慾望。

21 譯註：馬歇爾百貨（Marshall Field）成立於一八五二年，是芝加哥著名地標，已於二〇〇六年更名為梅西百貨。

沒有什麼比得上經由自己的努力開始獲得財務自由的成就感。靠自己賺取的財富，不只比不勞而獲更讓人愉快，也比較不會被揮霍掉，因為在學會賺取財富的過程中，我們也學會如何善用和留住財富。

富裕的父母會使子女陷入永恆的貧窮和失敗，因為他們的子女不需要提供有用的服務就有錢可以揮霍。現在在匹茲堡就有這樣的案例：一位名叫哈利·索（Harry Thaw）的年輕人在大學畢業後，繼承了一年八萬五千元的資產。他並沒有去找工作，反而跑去紐約市的百老匯炫富。他過著揮金如土的生活，後來竟然殺了一位知名的建築師，他雖然逃過死刑，卻被判終生監禁，一輩子要待在牢裡。

很遺憾的，我得說我不怪那位年輕人。真正有錯的人是那個讓他不勞而獲、剝奪他工作機會、讓他過著散漫、揮霍生活的人。

希爾：您是指「加倍努力」法則不適用於父母與子女嗎？

卡內基：不！我不是那個意思。父母的確對子女有義務，但應該是教育他們為人生做好準備的義務，而不是給予金錢的義務。如果父母給子女過多金錢，目的不是為了幫助他們決定自己的命運，金錢就成了一種詛咒。

希爾：根據您的經驗，您認為龐大的財富能帶來幸福嗎？

卡內基：只有提供有用的服務才能帶來持續的幸福。了解這一點，你就有理由提供更多、更好的服務。「多付出一點」能給人的滿足感，是別的方式得不到的。光是這樣的報酬就足以讓人多付出一點，這樣的回報不會被剋扣、這樣的財富不會被剝奪。

希爾：為什麼只有少數人善用「加倍努力」原則呢？

卡內基：因為只有少數人知道加倍努力的好處，而家庭就是學習這個原則的場所，每一個孩子都應該學習加倍努力的好處。雖然除了提供服務所帶來的滿足感，不會立即得到什麼好處，但是要讓孩子知道，這樣的習慣會令他們一生受用無窮。公立學校的課程也應該要有類似的訓練，如此一來，當孩子們上了高中，他們就會觀察到並應用這個原則，就像做研究一樣。

忽略對孩子的訓練導致孩子沒有這樣的知識，那就是成年人的錯。孩子成了監護人的受害者。忽略教育孩子「多付出一點」這麼重要的事，無異於犯罪。

CHAPTER 5

加倍努力分析

GOING THE EXTRA MILE

by Napoleon Hill

自然法則中沒有不勞而獲的事。任何事物都有代價，或是可以換算成等值的東西。有時候人們會浪費時間想要發明無需投入任何資源就能生產的「永動機[22]」，希望可以規避自然運作法則，結果都是失敗收場。

有些人以為隨便工作就有資格領取一整天的日薪。他們雖然可以透過工會的力量得逞一段時日，但遲早他們會因此失去工作。我們無法反抗自然，但就是有些人學不會。

在第四章中，卡內基先生解釋了人類行為的原則如何應用在日常人際關係中。他的描述很坦率而明確，身為美國知名的企業家，他的分析非常令人佩服。檢驗這些原則最好的方式就是應用在人際關係中。如果能加上明確的目標就更好了。

筆者很幸運能有機會觀察成就非凡的人和失敗的人。

約莫廿年前，《黃金法則雜誌》的編輯受邀在愛荷華州達文波特市的帕默爾學校演講。他接受邀約，並收取一百美元演講費，另加差旅費。

這位編輯在學校中為雜誌蒐集了幾篇報導用的編輯素材。在他結束演講後準備返回芝加哥時，B．J．帕默博士請他提供收取演講費的帳號。然而，他拒絕了演講費和差旅費，因為他已經取得了撰寫雜誌文章的素材，接著他搭火車返回芝加哥，而且覺得這趟旅程值回票價。

隔周，他收到許多封來自達文波特居民的訂閱信函。到周末前，總共收到高達六千美元現金的訂閱費。然後他收到帕默博士的來信，向他說明那些訂戶都是他的學生，因為他們聽說編輯拒絕接受原本同意的演講費用。

接下來的兩年，帕默爾學校的學生和校友訂閱《黃金法則雜誌》的總金額超過五萬美元。因為這個故事實在太有趣了，吸引另一本在所有英語系國家發行的

22 編按：指不需要外界輸入能源或能量，僅在某一個熱源條件下，便能夠不斷運作的機械。

雜誌刊登了這則故事，結果又有來自許多不同國家的人訂閱《黃金法則雜誌》。

就這樣，這位編輯只不過是提供了價值一百美元的服務而不收取費用，結果卻讓「收益遞增」法則為他運作，為他的投資帶來五倍的回報。「加倍努力」不只是空談，而是會有很大的回報！

此外，你的付出也不會被遺忘！正如其他投資一樣，「加倍努力」也會在你的一生中，不斷為你創造紅利。

那麼我們就來看看，不願意「加倍努力」可能會發生什麼事。

在一個下雨的午後，一位汽車銷售員坐在位於紐約展示間的座位上，此時，展示間的門開了，一位男士手持拐杖走了進來。

正在看報紙的銷售員抬起頭來，快速看了一眼剛進來的人，馬上就認定他只是來閒逛的人，只會浪費他寶貴的時間。於是他又繼續看報紙，根本懶得站起來。

拿著拐杖的男士走過展示間，看了一輛又一輛車子，最後他倚著拐杖搖搖晃晃地走向銷售員，順口問了剛才看過的三輛車的售價。銷售員連頭也不抬起來就說了售價，並繼續看報紙。

拿著拐杖的男士走向三輛車，並踢了每一輛車的輪胎，然後再走向銷售員並說：「我不知道該買這一輛還是那一輛，還是該三輛全買下來。」

銷售員仍忙著看報紙，輕蔑地說：「我就知道！」

然後拿著拐杖的男士說：「我想我買一輛就好了。明天請把黃色輪框那輛車送到我家來。對了，你剛才說那輛多少錢？」

他拿出支票簿、開了一張支票、交給銷售員後離開。銷售員看到支票上的名字後滿臉通紅、差一點昏倒。支票上簽的名字是查爾斯・培恩・惠特尼[23]

23 譯註：惠特尼家族是美國著名的鐵路和軍火大亨。

（Charles Payne Whitney），銷售員知道，如果他當時願意花一點時間，也許他可以不費吹灰之力就賣出三輛車。

當經理聽說這件事後，立即開除這位銷售員——這樣的懲罰還算輕，他應該要賠償那兩輛沒賣出車子的營業損失給公司。有能力卻不願意付出，絕對會付出慘痛的代價，很多人都是在事後才會學到這個教訓。如果人們太冷漠或太懶惰，即使有施展抱負的權利也沒有加以運用，於是一輩子都不知道為什麼他們無法累積財富。

四十多年前，在一間五金行工作的一位年輕業務員發現店裡有許多老舊、賣不出去的零件。他就運用空閒時間，在店裡放了一張桌子，把這些賣不出去的舊貨全放上去，並將每個零件訂價一角。他和店主都很意外地發現這些零件很快就銷售一空。

這次的經驗讓他後來發展出伍爾沃斯低價商品連鎖店[24]，而那位「加倍努力」

的年輕人就是法蘭克・W・伍爾沃斯（Frank W. Woolworth）。

在他過世前，他的主意讓他賺進至少五千萬美元的財富。此外，同樣的主意也讓好幾個人致富，還有更多獲利的銷售系統也是應用相同的概念。

沒有人叫年輕的伍爾沃斯主動做這件事，也沒有人付他錢叫他這麼做，但是他採取的行動為他帶來不斷增加的財富。當他將這個主意付諸實踐時，回報如排山倒海而來。

「加倍努力」的習慣，會在你熟睡時幫助你。一旦它開始運作，就能迅速幫你累積財富，彷彿是阿拉丁神燈釋放出帶著黃金的精靈。

「加倍努力」的習慣不只回報受薪階級，它對雇主和對員工一樣有用，我認識

---

24 譯註：伍爾沃斯首創以批發價向製造商購入貨物並以固定價格銷售給顧客的業務模式。他所成立的伍爾沃斯公司，於一九七四年轉型成為運動用品零售商 Foot Locker。

一位商人就能證明此事。

亞瑟．納許（Arthur Nash）是一位裁縫，約莫廿年前，納許先生的生意陷入困難。第一次世界大戰和其他無法控制的原因令他瀕臨破產。但他最大的問題在於員工也感受到他的挫敗感，並將挫折表現在工作上，工作的動作緩慢又心生怨懟。他的情況非常不妙，納許先生知道，如果他不想關門倒閉，就必須盡快採取行動。

因為情況窘迫，他只好召集員工說明情況。就在他說明時，他想到了一個點子。他說他在《黃金法則雜誌》中讀到一個故事：雜誌社的編輯放棄演講費，結果意外獲得價值超過六千美元的雜誌訂閱。

結果他建議所有員工也抱持「加倍努力」的精神，也許就能拯救公司。他向員工承諾，如果他們願意和他一起進行這個拯救公司的實驗，也就是所有人放棄支薪、不計算工時、盡全力工作，冒著可能不會收到薪資的風險。如果公司能付得出薪水，那每個人都能領到之前的薪資還有獎金。

員工聽了之後很喜歡這個提議，並決定放手試一試。隔天他們來上班時帶著微薄的存款，自願把錢借給納許先生。每個人以全新的心態來上班，然後公司開始呈現新氣象。很快的，公司又開始付薪水了，而且生意蒸蒸日上更勝以往。十年後，納許先生賺了很多錢，員工的生活也比以前更好，皆大歡喜。

如今納許先生雖然已經過世了，但是他的公司仍持續成為美國最成功的裁縫公司。後來員工接手了納許先生的公司。不論你問任何人對「加倍努力」的看法，他們都會立即回答！更進一步，如果與任何一位納許先生的業務員交談，就會發現他們在談論時充滿熱忱和獨立自主的精神。

當一個人想要「加倍努力」時，他就會變了一個人。對他而言，前景不同了，他看起來不一樣是因為他真的改頭換面了！

現在該提醒讀者「加倍努力」的重點了，那就是它會對有這種習慣的人產生影響。加倍努力會對人產生很奇特的影響。從「加倍努力」的習慣得到最多好處的並非得到服務的人，而是提供服務的人，因為他的「心態」改變，讓他更能影響別人、更有自立的能力、更有進取心、充滿熱忱、有願景和明確的目標，這些都是成功必要的特質。

愛默生說：「放手去做，你就會得到力量。」沒錯，力量！在現今的世界，沒有力量的人能成就什麼？但這個力量必須是能吸引人的力量，而不是令人厭惡的力量。這種力量必須能從自然法則中獲得動能，透過這樣的法則，我們的行為會得到加倍的回報！

要從「多付出一點」的習慣獲益，就必須了解《聖經》中「人種的是什麼，收的也是什麼」[25]的意義。我們所播下的種子很重要，因為我們種下的每一個服務的種子，都會產生自己的果實。

受薪階級必須更加了解播種與收穫的關係，然後你就能了解為什麼播下服務不佳的種子，無法永遠得到好的收穫。你就會知道，工作態度隨便的人，就不可能要求領到全薪。

雖然使用蠻力也許可以再多壓榨出一些錢，但是大自然不會長期容許這種違反自然的事。大自然遲早會反撲，報復那些無知或刻意違反自然法則的人。

至於沒有工作卻還想過好日子的人，我也有話要說：放聰明一點，用簡單、踏實的方式得到你想要的。

沒錯，的確有簡單且踏實的方式可以讓人得到想要的一切，而且願意「加倍努力」的人都會知道這個祕密。想要知道這個祕密只有一個辦法，就是多付出一點。

「彩虹的盡頭」有黃金[26]不只是童話故事。只要多付出一點、加倍努力，就能

25 譯註：《聖經》加拉太書，第六章第七節：「不要自欺，神是輕慢不得的。人種的是什麼，收的也是什麼。」
26 譯註：「彩虹的盡頭有黃金」是愛爾蘭傳說，在彩虹的盡頭有穿著綠色服裝的小妖精（leprechaun）在守護著一罈罈的黃金。

抵達彩虹的盡頭，而那裡藏有大批的黃金。

然而，只有很少人真的走到「彩虹的盡頭」。有些人以為到盡頭了，卻發現其實還很遠。問題在於，我們不知道怎麼做。知道祕訣的人就會知道，只有「加倍努力」才能抵達目的地。

約莫廿五年前一個傍晚，通用汽車的創辦人威廉‧C‧杜蘭特（William C. Durant）在銀行打烊後走進銀行，希望銀行進行只有上班時間才能辦理的業務。銀行的初階主管卡洛‧道恩斯（Carrol Downes）同意為他服務。他不只有效率地為杜蘭特先生服務，他還「加倍努力」，以客氣有禮的態度提供服務，他讓杜蘭特先生覺得賓至如歸。道恩斯先生有所不知的是，這雖然看似微不足道，但他客氣的為杜蘭特先生服務，注定會為他帶來深遠的影響。

隔天杜蘭特先生請道恩斯先生去他的辦公室，當面給道恩斯先生一份新的工作，他也接受了。剛開始，道恩斯先生在一間大辦公室裡和上百個人一起工作，上班時間是早上八點半到下午五點半，起薪並不高。

第一天下班鈴響，道恩斯發現大家都急急忙忙拿起帽子和外套走向門口。他坐著不動，等所有人都離開後他還留在座位上，思索著為何大家急著下班。十五分鐘後，杜蘭特先生打開辦公室的門看到道恩斯還在座位上，於是他問道恩斯是不是不知道五點半就可以下班。

道恩斯回答：「我知道，但我不想急著出去。」然後他問杜蘭特先生有什麼事需要他去做。杜蘭特先生請他把鉛筆拿去削一削，道恩斯照做後拿進他的辦公室。杜蘭特先生向他道謝並道晚安。

隔天下班時間，大家仍趕著離開辦公室，而道恩斯又留在座位上。這一次，他是有目的的。不久後，杜蘭特先生從辦公室出來，又問一次道恩斯知不知道下班時間是五點半。

道恩斯微笑回答：「知道，我知道現在是大家離開的時間，但是沒有人說我必須在下班時間離開，所以我留下來，希望您有事要我去處理。」

杜蘭特驚訝地說：「真奇怪！你怎麼會有這樣的想法？」

「每天下班時間我都在觀察。」道恩斯的回答讓杜蘭特先生嘟噥了幾句，道恩斯沒聽清楚，杜蘭特先生就又回到辦公室裡了。

從那之後，每天下班時間，道恩斯就坐在座位上直到他看到杜蘭特先生戴上帽子、離開辦公室，他才會離開。但是他並沒有領取加班費，也沒有人叫他這麼做。沒有人承諾他留下來能得到什麼，在一般人眼中，他只不過是在浪費時間。

幾個月後，道恩斯被叫到杜蘭特先生的辦公室，他獲選去新收購的工廠監督機器的安裝。你能想像嗎？一位前銀行主管在幾個月後要成為機械專家！

道恩斯二話不話就接下任務了。他沒有說：「杜蘭特先生，我不懂機械安裝。」也沒說「那不是我的職責」或是「你又沒付錢叫我安裝機器」，他直接去做該做的事。此外，他還以喜悅的「心態」接下任務。

三個月後工作完成，杜蘭特先生非常滿意地把道恩斯叫到辦公室，問他是在哪裡學習機械的。道恩斯回答：「我從來沒學過，杜蘭特先生。我只是到處看看、找到會組裝的人，讓他們去組裝，是他們把工作完成的。」

「太好了！」杜蘭特大喊，「有兩種人是有價值的人。一種是有能力把事情做好而且不會抱怨工作太多的人。另一種是能讓別人把事情做好而且不會抱怨的人。你一個人就具備這兩種特質。」道恩斯感謝杜蘭特的讚美，然後回去工作。

杜蘭特說：「等等，我忘了告訴你，你現在是那間工廠的新任經理了，年薪是五萬美元。」

接下來為杜蘭特工作的十年，道恩斯獲得約一千到一千二百萬美元的薪水。他成為這位汽車巨擘親近的顧問，他的努力讓他獲得財富。

大部分的人通常只以成功來論斷別人，卻忽略了對方是事前付出了多少努力才達到成功。

雖然卡洛．道恩斯的故事沒什麼高潮迭起的轉折——這都是日常工作時發生的事，平凡到道恩斯的同事們都沒有察覺。我毫不懷疑有同事羨慕他，以為是杜蘭特先生特別偏愛他，以為只是因為有人拉他一把，或以為他運氣好。

說實話，的確有人「拉道恩斯一把」，正是他的積極主動拉了自己一把。因為他願意「加倍努力」，在下班後留下來幫老闆削鉛筆。

他因為在下班後留下來，「希望」杜蘭特先生有事需要他去辦，而為自己創造助力。他善用人類的進取心、找到會安裝機器的人，而不是問杜蘭特先生要去哪裡找這種人，為自己創造助力。

一步步回溯這些事件，讀者就會發現，道恩斯的成功完全是因為他自己的進取心。此外，他還以正確的心態完成一連串的小任務。

也許杜蘭特先生手下有上百人能做得和道恩斯一樣好，但他們的問題在於，五點半一到他們就趕著下班，彷彿在尋找彩虹彼端的黃金一樣。

多年後，筆者詢問卡洛．道恩斯，是如何得到杜蘭特先生的賞識。「哦！」他客氣地說：「我只是一直出現在他面前，讓他注意到我。當他環顧四周要找人去做什麼小事，因為只有我在場，所以他就叫我去做，久而久之，他就習慣找我了。」

看吧！杜蘭特先生「習慣」叫道恩斯做事。此外，他也發現道恩斯有能力，也願意承擔責任、「加倍努力」。很可惜很多人沒有承擔更多責任的精神。很可惜很多人不多著墨美國生活方式帶給我們的許多優勢，卻一直認為沒有機會。

如果卡洛．道恩斯被法律或工會強迫五點半下班，他會過得更好嗎？如果他這麼做，就只會領到工作的薪資，而不會領到更多錢。

命運掌握在自己的手上，這是每一個美國公民都享有的權利：有進取心並培養「加倍努力」的習慣。道恩斯的成功沒有別的祕密，就是這樣而已。他承認這一點，所有擺脫貧窮走向富裕的人也都知道。

有一件事似乎沒有人知道。為什麼只有少數人像卡洛・道恩斯一樣，發現「多付出一點」所帶來的力量？所有偉大成就的種子都有這樣的力量。這是所有成功的祕訣，但是很少人了解。大部分的人都以為這只是慣老闆要騙員工加班的伎倆。

有一個自作聰明的人向亨利・福特求職，卻不想要「加倍努力」。福特先生問了他幾個問題，關於他的經歷、習慣和其他例行的問題，感到很滿意。

接著他問：「你希望我們付你多少薪水？」對方沒有直接回答問題，福特又說：「那麼你來上班，向我們證明你的能力，我們再根據你做的事付你薪水。」他拒絕了，並且說：「我現在工作的地方賺的比這個還要多。」我相信他說的是實話。

這解釋了為什麼大多數人總是庸庸碌碌，他們「賺的錢比他們所提供服務的價值還高」，而且他們永遠搞不懂，該如何提升自己的價值才能超越別人。

美西戰爭結束後不久，亞柏特·哈伯德（Elbert Hubbard）寫了一個故事，標題為「給賈西亞的信」[27]。故事簡短地訴說威廉·麥金利總統（President William McKinley）請一名年輕士兵羅萬（Rowan），將美國政府的訊息遞交給古巴的叛軍酋長賈西亞（Garcia）。年輕的士兵穿越古巴廣袤的叢林，終於把信交給賈西亞。故事就這樣，只是一個軍官帶著指令、不畏艱難達成任務，沒有任何失敗的藉口。

這個故事在全世界激起很多人的想像。一個人完成指令、把任務做好，這麼簡單的事卻成了頭條新聞。「給賈西亞的信」被出版成冊，銷售量創下當時紀

27 譯註：一八九八年，美國與西班牙爆發爭奪殖民地的戰爭。美國總統麥金利需要人將一封密件親手交給古巴的賈西亞將軍。陸軍中尉安德魯·羅萬在沒有支援的情況下孤身一人出發，祕密登陸古巴島後歷盡重重艱難與危險，最後羅萬親手將信交給賈西亞將軍，完成任務。

錄，高達一千萬冊，至今在全球銷售量更已逾八億冊。這個故事讓亞柏特・哈伯德成為家喻戶曉的人，更不用說為他賺進多少財富。

後來這個故事被翻譯成多種語言。日本政府把手冊列印分發給所有日本士兵，賓夕法尼亞鐵路公司送給每一位員工，美國多間大型壽險公司也會把書贈送給自己的業務員。亞柏特・哈伯德於一九一五年隨著露西塔妮亞號[28]的沉沒離世，多年後，《給賈西亞的信》仍是全美最暢銷書籍。

這個故事之所以大受歡迎，是因為它帶著一種會把事情做好的人才會有的魔力。

全世界都在尋找這種人，各行各業都需要這種人。美國的產業一直都會為有能力且願意承擔責任，以正確的心態工作並加倍努力的人提供好機會。

安德魯・卡內基提拔過不下四十人，將他們從身分卑微的勞工提升至百萬富翁的地位。他了解願意「加倍努力」的人的價值。

每當他找到這樣的人，他就會把他的「發現」帶進他做生意的內部圈子裡，給他機會賺到「他的身價」。

查爾斯・M・舒瓦伯就是其中一位只靠著「加倍努力」而獲得鋼鐵大王青睞的人。他剛開始是領日薪的打樁人，然後一步步地爬上頂端成為卡內基的左右手。有好幾年，他的年度獎金就超過一百萬美元。

獎金是為了獎勵他願意「加倍努力」！而不是他工作的薪資。別忘了，這筆錢是願意多付出一點的直接或間接的結果。

當前，美國正經歷重大的危機，嚴重威脅著人們的自由，會讓人無法主動「加倍努力」。

28 譯註：一九一五年五月，英國皇家郵輪「露西塔妮亞號」從美國紐約出發，船上一九五九名乘客絕大多數是美國人，而郵輪在愛爾蘭外海遭到一艘德國潛艇發射魚雷擊沉，是促使美國投入第一次世界大戰的原因之一。

危機發生的主因就是人們想要不勞而獲，但這種心態與「加倍努力」卻是背道而馳。

人類的貪婪取代了想要提供有用服務的慾望。「加倍努力」的原則和少做事多拿錢正好相反。成千上萬的人仰賴政府的紓困、沒有進取心，反而因此而傷害了自己。如此一來，前景堪慮。儘管如此，我相信還是有很多人有常識，願意站出來說話，直到我們發現自己就站在這個自我毀滅的深淵邊緣。

讓人養成「加倍努力」習慣最好的動機就是，加倍努力的習慣會產生持續的紅利，而且多到無法計數。

美國擁有非常豐富的資源，美國人都希望獲得這些豐饒資源的某一部分，但我們不要誤以為可以用錯誤的方式來取得。我們要付出有價值的東西才能換取財富。這正是安德魯·卡內基、愛迪生、亨利·福特和許多人獲得財富的方式。

我們知道成功的法則，就讓我們聰明地利用這些法則，來取得我們想要的財”

People do things or refrain from doing them

because of a motive.

是否採取行動，都是因為一個動機。

“

富，並為國家創造財富。

有些人會說：「我已經付出很多了，但我的老闆很自私、貪心，他不承認我提供的服務。」我們都知道有些人很貪心，想要不勞而獲，或想得到比他們付出的更多。

但是可以利用他們的貪婪，引導他們獎勵多付出一些的員工，因為想賺得更多的雇主絕對不想失去多付出一點的人。他們會知道這種員工的價值。這正是打開雇主的心防，讓他擺脫貪婪的方式。聰明的人會知道該如何利用機會，不是將更好的服務隱藏起來，而是付出更多。

我看過無數次，有人用這種方式讓貪婪的雇主承認並利用他的弱點。有時候，雇主沒有盡早採取行動，結果只是他自己倒楣，因為競爭對手早已看中並捧重金挖角優秀的員工了。

習慣「加倍努力」的人是不會被騙的。如果他沒有得到應有的認同，自然會有其他人來認同他，多數是他從沒想到的人。只要我們多付出一點，一定會被人注意到。

願意加倍努力且心態正確的人，永遠不用花太多時間找工作，工作會自己找上他。經濟蕭條總有一天會結束，生意會受到景氣榮枯的影響，經歷戰爭國家也會有迎來和平的一天，但是提供更多、更好服務的人，對別人來說是不可取代的，因此他絕對不會失業。我們社會福利制度的錯誤在於，它忽略了多付出一點的原則，而是用法律保障自私的人。

一個人只要聰明到能讓自己無法被取代，就會讓自己持續擁有工作，並獲得遠高於工會要求水準的薪資。

亨利．福特了解不可取代性的價值，也知道「加倍努力」的價值。所以他曾主動將員工的日薪調高至五美元的歷史新高。他並不是被工會領袖所逼迫，而是他很聰明地獲得員工的認同，讓員工願意與他建立起超過廿五年的合作關係。

安德魯・卡內基當然也了解「加倍努力」的價值。他運用這個法則累積了逾五億美元的財富。雖然有人指控他貪婪，但從來沒有人指控他不善於人才管理。如果他真的貪婪，那麼他就是聰明地善用自己的缺點，提供每年百萬美元的獎金給那些願意加倍努力、讓自己無法被取代的員工。他的政策是鼓勵員工多付出一點、讓自己無法被取代（即便是地位最低的員工也有權利這麼做），並支付他們應得的薪資以確保員工不會自己創業和他競爭。

這些了不起的人運用「加倍努力」的原則，為國家創造數十億美元的財富，提供數百萬個就業機會，在大蕭條期間仍持續創造就業，因而為自己累積龐大的財富。

美國歷史上沒有任何一個時期像現在這樣，所有人都可以透過養成多付出一點的習慣而受益。事實上，仍有許多人想要不勞而獲，但這反而為願意應用「加倍努力」的法則的人們創造了機會，讓他們因而受益。

High wages and indispensability are twin sisters.

They always have been and they always will be!

高薪和不可取代性是一體兩面。永遠都是！

讀者現在應該能完全了解「加倍努力」原則，並且可以好好的利用，提供有用的服務以展現對國家的忠誠。當前的情勢已對國家帶來威脅，但正是這個國家，讓我們能透過提供卓越的服務來提升自己。因此，加倍努力不只是有利的優勢，也是我們必須做的事，更是民主制度必要的原則。

對於願意提供有用的服務來換取更好生活的人來說，這裡仍是充滿機會的國家。只要我們本著無私的精神提供有用的服務，美國仍會是「人類自由的搖籃」。

每個國家的歷史中總會有段時間，人民必須放下貪婪和自私為彼此的共同利益著想，否則只會走向滅亡。現在全世界的人們正面臨著暴力和貪戀權力的挑戰！每當美國發生這樣的情況，人們總是會放下自私並自願加倍努力，以迎接挑戰。

美國之所以能成為世界上最富裕、自由的國家不是沒有原因的，因為領導我國的工業和經濟發展的開創者非常有效率。

工業是美國精神的基石，因為有一群目光長遠的人，身體力行加倍努力原則，使得工業得以欣欣向榮。這些領袖累積了龐大的財富，為許多受薪階級創造就業。因此，他們個人的財富也是國家的財富。

以亨利．福特為例，他累積了大量的財富，但沒有人能否認，如果有上千個像他一樣的人為國家人民提供上百萬個就業機會，這個國家就會變得更好。根據估計，亨利．福特直接和間接創造了至少六百萬個就業機會。

他對美國人生活方式的影響是無法估計的，我們也知道他對國家的高速公路網有很大的貢獻，讓我們能輕鬆、可靠、快速抵達任何地方。此外，福特先生的公司對州政府或聯邦政府每年的稅收貢獻，都是難以衡量的。

亨利．福特的成功不是偶然，而是有明確的程序。我們都知道這些法則，其中最重要的就是「加倍努力」。

筆者受到嚴格的指示要去發掘這些法則。在整個科學界中，找不到任何正當理由以法規阻止人們積極進取，但是我們仍發現了「加倍努力」的明確理由。

這個理由就是，沒有任何一個成功的企業或成功的人是不遵循這個原則的。另一方面，我們也審視過上千個案例，當人們忽視或拒絕加倍努力時，必然走向失敗。

眾所周知，科學家和教育家都是向各領域的權威學習經驗，得到結論和制訂計畫。大型圖書館的目的，就是要將前人已經過濾的知識提供大眾。

思想家、事業有成的人都會透過系統化的研究來學習。忽視或拒絕學習的人，就是忽視自己的重要權利。

大蕭條告訴我們，世界上只有被迫不工作，比被迫工作更慘。

在本章的成功之道完成前，筆者花了逾廿年的時間研究世上最傑出的思想家和哲人的紀錄。一群聰明的研究員忙著爬梳圖書館的資料，以尋找各領域領袖的紀錄。

他們的發現已收錄在這本成功之道中。除了研究人類經驗的歷史，還有逾五百位美國人所熟知的成功人士，多年來合作提供他們在反覆試驗中所得到的知識。

此外，我們還針對各行各業中，數以千計的人進行了仔細的分析，他們足以代表美國人的生活，筆者從他們身上發現了失敗和成功的原因。這項成功之道就是從這份廣泛的研究中獲得的。

所以，我呈現給讀者的是一份清楚的地圖，帶領讀者通往成功，讀者可以相信這些前人已經走過的路徑。

應用「加倍努力」、「明確的目標」和「智囊團」等原則，是成功的必經之道。

關於作者

拿破崙・希爾，一八八三年生於維吉尼亞州懷斯郡。曾任祕書、地區報社的「山區記者」、礦場和伐木場經理，後來就讀法學院，然後在《鮑伯泰勒雜誌》擔任記者——就是這份工作讓他得以會見鋼鐵大王卡內基，因此改變了他的一生。卡內基相信可以分析出成功的原則，任何人都可以遵守這些原則，並敦促希爾訪談當時的工業巨擘和發明家，以發掘這些原則。

希爾接下這個挑戰，花了廿年的時間編纂《思考致富》一書，成為勵志類叢書的經典和史上最暢銷書，全球銷售逾一億冊。希爾餘生致力於發掘並仔細琢磨成功之道。

在擔任作者、雜誌發行人、演講者、企業領袖顧問多年後，這位勵志先鋒於一九七〇年在南卡羅萊納州與世長辭。

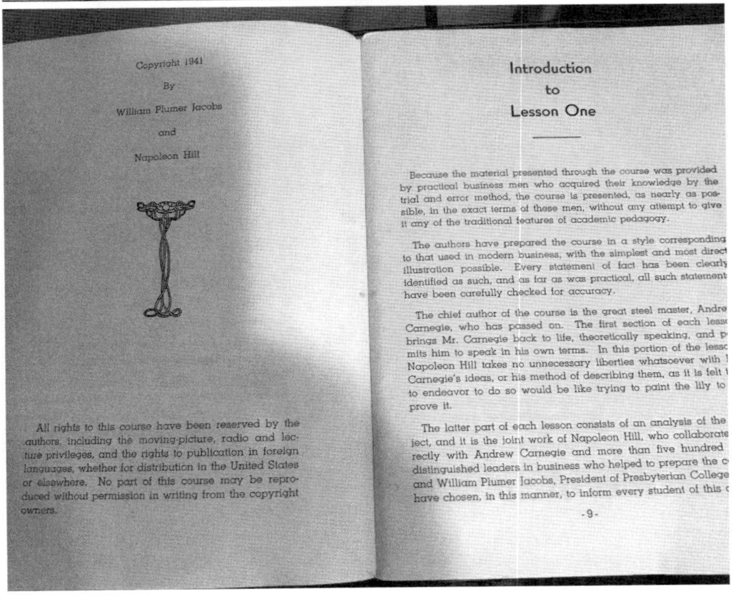
Copyright 1941
By
William Plumer Jacobs
and
Napoleon Hill

All rights to this course have been reserved by the authors, including the moving-picture, radio and lecture privileges, and the rights to publication in foreign languages, whether for distribution in the United States or elsewhere. No part of this course may be reproduced without permission in writing from the copyright owners.

Introduction
to
Lesson One

Because the material presented through the course was provided by practical business men who acquired their knowledge by the trial and error method, the course is presented, as nearly as possible, in the exact terms of these men, without any attempt to give it any of the traditional features of academic pedagogy.

The authors have prepared the course in a style corresponding to that used in modern business, with the simplest and most direct illustration possible. Every statement of fact has been clearly identified as such, and as far as was practical, all such statements have been carefully checked for accuracy.

The chief author of the course is the great steel master, Andre Carnegie, who has passed on. The first section of each lesso brings Mr. Carnegie back to life, theoretically speaking, and p mits him to speak in his own terms. In this portion of the lesso Napoleon Hill takes no unnecessary liberties whatsoever with Carnegie's ideas, or his method of describing them, as it is felt to endeavor to do so would be like trying to paint the lily to prove it.

The latter part of each lesson consists of an analysis of the ject, and it is the joint work of Napoleon Hill, who collaborate rectly with Andrew Carnegie and more than five hundred distinguished leaders in business who helped to prepare the c and William Plumer Jacobs, President of Presbyterian College have chosen, in this manner, to inform every student of this c

-9-

▌於二戰中遺失的「心智原力（Mental Dynamite）」手冊。

國家圖書館出版品預行編目(CIP)資料

邁向成功：反覆驗證，實證有效的成功三定律 / 拿破崙．希爾(Napoleon Hill)作；呂佩憶譯. -- 初版. -- 臺北市：遠流出版事業股份有限公司, 2021.12
面； 公分
譯自：The path to personal power
ISBN 978-957-32-9318-7(平裝)

1. 成功法 2. 自我實現

177.2 110016119

邁向成功

反覆驗證，實證有效的成功三定律

The Path to Personal Power

作　　者——拿破崙．希爾 Napoleon Hill
譯　　者——呂佩憶

主　　編——許玲瑋
編　　輯——黃倩茹．謝承志
行銷協力——曾士珊
中文校對——魏秋綢
封面設計——兒日設計
內頁設計——口米設計
排　　版——立全電腦印前排版有限公司

發 行 人——王榮文
出版發行——遠流出版事業股份有限公司
地　　址——104005 台北市中山北路一段11號13樓
電　　話——（02）2571-0297　　傳　　真——（02）2571-0197
著作權顧問——蕭雄淋律師
遠流博識網 http://www.ylib.com

ISBN 978-957-32-9318-7
2021年12月1日初版一刷　　定價450元